KB267347

20년차 경영 컨설턴트가 알려주는
경영, 절세, 자금 솔루션

# 회사를 살리는 사장의 공부

# 사장의 공부 회사를 살리는

20년차 경영 컨설턴트가
알려주는
경영·절세·자금 솔루션

송현채 지음

ABLE
BOOK

오늘날 대한민국 중소기업은 사면초가의 위기에 놓여 있다. 세계 경제의 격변, 기술 혁명의 급물살, 그리고 지속가능성에 대한 요구까지 거대한 파도가 동시에 밀려와 중소기업의 생존과 경쟁력을 위협한다. 이에 중소기업 CEO들은 외부적으로는 세계 시장의 판도 변화에 대응해야 하고, 내부적으로는 경영 환경 변동과 조직 혁신을 동시에 이뤄내야 한다. 그야말로 총체적 난국이다.

## 세계 경제의 격변

지난 몇 년간 글로벌 경제 질서는 매우 혼란스러워졌다. 특히 미국 트럼프 1기 행정부 시절 촉발된 미중 무역 갈등과 보호무역주의는 국제 무역 환경을 뒤바꿔놓았다. 설상가상으로 트럼프 2기 행정부 들어 보호무역주의와 자국 중심주의가 다시 고개를 들면서 새로운 국면이 전개되고 있다. 글로벌 지정학 리스크와 교역 둔화로 경기 침체 가능성까지 거론되는 상황이다. 이는 수출 의존도가 높은 우리나라 중소기업에 직격탄이 되었다. 중소기업 입장에서는 해외 시장 접근이 어려워지고 수출 길이 좁아질까 노심초사할 수밖에 없다. 갈수록 치솟는 원달러환율, 원자재 가격 등 거시경제 지표의 변동성도 중소기업을 압박하고 있다.

게다가 미·중 패권 경쟁이 심화되면서 공급망 재편이 가속화되고 있다. 우리나라 중소 제조업체 상당수는 중국산 부품이나 원자재에 의존해왔는데, 글로벌 분쟁과 제재로 공급망이 흔들리거나 단절될 위험이 커진 것이다. 자칫 대응을 소홀히 하면 생존 자체가 위태로울 수 있는 상황이다.

## AI 시대의 충격과 기회

한편으로는 인공지능(AI)으로 대표되는 디지털 전환 시대는 기업 운영의 패러다임을 바꾸어놓았다. AI 기술은 기업 경쟁력을 비약적으로 높일 잠재력을 지니고 있다. 잘만 활용하면 적은 인력으로 더 많은 성과를 낼 수 있고, 숙련공 부족 문제도 부분적으로 해결할 수 있다. 사무직 분야에서도 고객 응대, 문서 작성, 번역 등의 업무를 자동화하거나 보조함으로써 업무 생산성을 극대화할 여지가 충분하다. 이미 대기업이나 글로벌 선도 기업들은 AI를 무기 삼아 새로운 비즈니스 모델을 만들고 업무 프로세스를 혁신하고 있다. 또한 AI 자동화로 일자리의 성격이 바뀌면서 직원 재교육(reskilling)과 업무 재배치가 불가피한데, 이에 대한 청사진이 없는 기업은 내부 혼란을 겪을 가능성이 크다.

하지만 중소기업 입장에서는 어디에 어떻게 발을 디뎌야 할지 어려운 난제다. 데이터 부족, 전문 인력 부족, 투자 여력 부족 등으로 섣불리 AI를 도입했다가 실패하는 사례도 적지 않다. 중소기업 CEO 사이에서 "투자하지 않으면 망하고, 투자했다 실패하면 더 빨리 망한다"는 우스갯소리가 나올 정도다. 그럼에도 불구하고 AI는 피할 수 없는 대세이며, 중소기업도 이를 적극 받아들여 디지털 전환에 박차를 가하지 않으면 안 된다. AI 도입이 늦어질수록 경쟁력 격차는 더 급속히 벌어질 것이다.

### 지속가능성 압력

마지막으로, 중소기업 CEO들이 간과할 수 없는 시대적 흐름이 있으니 바로 'ESG 경영'이다. ESG는 환경(Environment), 사회(Social), 지배구조(Governance)의 약자로, 기업의 지속가능성을 평가하는 새로운 잣대다. 과거에는 대기업이나 신경 쓸 법한 이미지 관리 요소로 여겨졌는데, 이제는 기업 규모에 관계없이 모든 기업에 적용되는 뉴노멀이 되었다.

2025년 중소기업중앙회 조사에 따르면, 대·중견기업이 협력사와의 계약 거래 과정에서 ESG 평가 결과를 인센티브나 페널티로 활용하는 기업 비중이 3년 연속 증가했다. 인센티브로 활용하는 기업은 45.4%, 페널티로 활용하는 기업은 34.9%다. 이처럼 ESG 압력이 이미 현실화되었음에도 불구하고, 중소기업의 준비는 여전히 미흡한 편이다. 자금과 인력의 한계 때문이다. 실제로 "ESG 경영은 비용만 들고 우리 같은 작은 회사엔 실익이 없다"라는 인식을 가진 중소기업 CEO들이 많다.

ESG 과제를 마주했다면 두 가지 시각을 함께 가져야 한다. 하나는 위험 관리 관점이다. 우리 회사가 속한 공급망의 일부로서 요구되는 요건을 충족하지 못하면 어떤 불이익이 오는지 파악하고 대비해야 한다. 다른 하나는 기회 요인 관점이다. ESG 경영은 비용 절감과 매출 증대 기회로 연결될 수 있다. 일찍부터 ESG를 내재화한 기업은 은행 대출 금리 우대, 투자 유치 용이 같은 금융·평판상의 혜택을 누리고 있다.

### 복합 위기를 새로운 도약의 발판으로

최근 몇 년간 중소기업들의 재무 건전성이 악화되고 부도 및 폐업이 늘어나는 추세다. 70년 만의 최저 경제성장률, 고환율·고금리·고물가의 장기화, 여기에 내수 침체와 인구절벽까지 겹치며 체력이 약한 중소기업부터 무너지고 있다는 분석도 나온다. "중소기업의 한계 기업화"라는 씁쓸한 말이 현실이 되고 있는 것이다.

하지만 위기는 동시에 기회이기도 하다. 생존을 위협하는 압박이 크다는 것은, 역설적으로 그 압박을 견디고 돌파하는 기업은 남들이 넘볼 수 없는 경쟁우위를 갖게 된다는 의미다. 지금의 복합 위기 상황을 능동적으로 받아들이고 혁신의 계기로 삼는다면, 새로운 도약의 발판을 마련할 수 있을 것이다.

예컨대 미국 시장의 보호무역 흐름에 대응해 기업의 공급선을 재편하고 수출 시장을 다변화한다면 오히려 사업 포트폴리오를 강화하는 계기가 될 수 있다. AI와 디지털 기술의 도입이 더 미룰 수 없는 숙제라면, 하루빨리 작은 성공 사례부터 축적해 자체 혁신 역량을 키워가는 학습의 과정으로 삼아야 한다. ESG 경영을 비용이 아니라 기업 체질을 개선하고 신뢰를 높이는 투자로 여길 때, 지속가능한 성장을 담보하는 새로운 경쟁력의 축이 될 것이다.

### 중소기업 CEO를 위한 책상 위 경영 컨설턴트

이 책은 이러한 문제의식을 바탕으로, 복합 위기의 시대에 중소기업이 살아남고 성공하기 위한 실용 전략들을 제시하고자 한다. 외부에서 생겨난 위기는 어쩔 도리 없이 받아들여야 하지만, 내부적인 관리와 대비는 CEO의 의지와 목표에 따라 얼마든지 달라질 수 있다. 그리고 이러한 기업은 어려운 상황에도 결실을 기대할 수 있다.

그동안의 오랜 경영 컨설팅 경험을 바탕으로, 중소기업 CEO가 반드시 알아두어야 할 것들을 이 책에 담았다. 중소기업의 경우 대기업과 달리 경영 전반에 대해 전략을 짜고 문제가 생겼을 때 해법을 알려줄 경영 컨설턴트를 두기 힘들다. 경영 컨설턴트가 필요할 때마다 이 책을 펼쳐보기 바란다. 궁금증 해소는 물론 실질적인 해답을 찾을 수 있을 것이다.

이 책은 크게 네 부분으로 구성되었다. PART1에서는 기업의 성장 단계를 17단계로 나누어 각 단계별 경영 전략과 체크포인트를 살펴보고, 내 회사가 현재 어느 단계에 위치하고 있는지 확인한다.

PART2에서는 중소기업 CEO가 반드시 알아야 할 9가지 경영 전략을 설명한다. 이 중 어떤 것들은 회사에 막대한 손실을 입히거나 생존을 위협하기도 한다. PART3에서는 자금 조달 솔루션을 제시한다. 정책 자금이나 지원금을 받을 자격이 있는 기업인데도 제대로 준비하지 못해 기회를 놓치는 안타까운 경우를 많이 봐왔다. 자금 조달에 어려움을 겪고 있는 CEO라면 필독을 권한다. 마지막으로 PART4에서는 당장 실행에 옮겨야 할 절세 액션 8가지를 살펴본다. 기업의 목표는 이윤 창출이지만 놓치지 말아야 할 게 절세다. 기업의 자산을 지키고 더 큰 이익을 가져다주기 때문이다.

중소기업의 역사는 언제나 도전의 연속이었고, 그때마다 과감히 나아간 이들이 새로운 성공 신화를 써왔다. 지금 눈앞의 위기가 아무리 커 보여도, 함께 지혜를 모으고 대응책을 강구한다면 넘지 못할 산은 아닐 것이다. 이 책이 바로 그 여정에 도움이 되는 나침반이 되기를 바란다.

위기를 직시하되 두려움에 머물지 말아야 한다. 중소기업 CEO 여러분이 끝까지 생존하고 성공해 훗날 이 순간을 새로운 도약의 출발점으로 회고할 수 있기를 기원한다.

힘내시고, 돌파구는 분명 있다!

# PART 1

## 성장 단계별 핵심 체크포인트

# 우리 회사는
# 어느 단계쯤 왔을까

　기업은 대개 다음과 같은 17단계를 거치며 성장한다. CEO의 입장에서는 당장 눈에 보이는 매출과 이익이 중요할 수밖에 없지만, 우리 회사가 지금 어디쯤 와 있는지 돌아보고, 최종 목표를 염두에 두고 한 걸음 한 걸음 전략적으로 접근할 필요가 있다.

　각 단계별로 준비해두어야 할 것들이 있는데, 나중에 챙기면 높은 기회비용을 물어야 하고 큰 기업으로 성장하는 데 장애가 될 수

도 있다. 특히 가지급금, 가수금, 미처분 이익잉여금, 명의신탁주식 같은 숨은 위험 요소들은 조기에 정리해야 추후 과도한 세금 부담이나 신용등급 악화를 막을 수 있다. 그리고 내부 통제와 세무 대비를 강화해 세무조사나 외부감사에 흔들리지 않는 기업 체질을 만들어야 한다. 평소 단계별 과제를 충실히 준비해두면 어느 선택지를 택하더라도 기업 가치를 극대화하고 리스크를 최소화할 수 있다.

## 1단계 : 법인 설립 및 전환 – 기업 성장의 출발선 다지기

개인사업자로 시작했다면 법인 전환 시점을 고민해야 한다. 세금 부담이 급증해 납부 세액이 커지는 시점이 대표적인 계기가 된다. 법인 전환은 단순히 세금 절감뿐만 아니라 자금 조달 용이성과 기업 신용도 제고라는 이점도 제공한다.

법인 전환 방식에는 신설 법인 설립, 현물출자를 통한 전환, 포괄영업양수도 방식 등이 있다. 각각 절차와 세제 혜택이 다른데, 혜택을 받으려면 사전에 요건을 갖추고 시기를 잘 선택해야 한다. 또한 법인으로 바뀌면 대표자 개인의 소득세 대신 법인세를 내야 하고, 각종 세무 검증의 강도나 방식도 바뀌어 회계 투명성 요구와 행정 부담이 늘어나는 점도 대비해야 한다.

새로운 사업을 시작하는 경우라면 처음부터 법인으로 신규 설립할지, 아니면 개인사업자로 운영하다가 추후 전환할지 전략적으로 판단해야 한다.

★ 체크포인트  향후 투자를 유치하거나 승계를 고려한다면 초기부터 지분 구조를 전략적으로 가져가는 게 유리하다. 대표 1인 지분 100%로 할 것인지, 가족이나 공동 창업자와 지분을 나눌 것인지 결정하는 것이다. 법인 전환 시에는 사업 양도 과정에서 영업권 평가나 자산 재평가를 통해 향후 재무제표에 이익이 반영되는 효과도 고려해볼 만하다.

## 2단계 : 법인 제도 정비 – 튼튼한 내부 기반 구축

법인 설립 후에는 '회사의 헌법'이라 불리는 정관부터 각종 내규까지 손볼 것이 많다. 회사의 사업 목적 추가나 주식 발행 기준 등 정관 조항이 현실에 맞게 정비되어 있는지 확인해야 한다. 또한 이사회 운영, 주주총회 절차, 대표이사 및 이사 임기 등 법적 요건을 충족하도록 제도를 마련해야 한다. 더불어 임원의 보수 체계(급여, 상여, 퇴직금 등)를 합리적으로 설계하고, 직원들의 인사·노무 제도(근로계약서, 취업 규칙, 복리후생 등)도 정비해야 한다.

스타트업이나 중소기업의 경우 초기에는 제도 정비를 간과하기 쉽다. 그러나 정관이나 규정 미비는 나중에 투자 유치나 법률 분쟁 시 발목을 잡는 함정이 될 수 있다. 또한 주주 간 약속이나 동업자 간 계약을 문서화해두지 않으면 추후 경영권 분쟁의 씨앗이 될 수 있다. 따라서 '설마 이런 일이 생길까' 싶은 부분까지도 미리 규정으로 명문화해두는 것이 안전하다.

★ **체크포인트**  회사가 커질수록 사람에 의존하는 경영에서 시스템에 의한 경영으로 전환해야 한다. 이를 위해 조직도와 직무 명확화, 내부 통제 시스템 도입을 고려해야 한다. 재무 관리 측면에서는 회계 시스템을 정교화하고, 필요시 ERP 시스템 등을 도입해 재무 정보를 투명하게 관리해야 한다.

## 3단계 : 주식 이동 – 지분 구조 재편과 투명화

기업이 일정 궤도에 올라서면 초기의 지분 구조를 재검토해야 할 시점이 온다. 창업 초기에 불가피하게 명의신탁주식(다른 사람 이름으로 주식을 보유)이나 차명주식이 생긴 경우 이를 실명으로 환원할 것인지 결정해야 한다. 명의신탁주식은 법적으로 문제가 되고 세무 위험이 크므로 반드시 정리해야 한다.

또한 향후 가업 승계나 투자 유치에 대비하여 지분을 가족에게 일부 증여하거나 외부 투자자에게 매각하는 등 지분 이동 전략을 고민해야 한다. 가족에게 지분을 증여할 때는 추후 상속세 대비까지 고려해야 하고, 외부 투자 유치 시에는 경영권 약정 등을 통해 창업자의 지배력을 보호해야 한다. 지분 구조 변동 시 주주의 의결권 변동으로 경영권 위험이 생길 수 있으므로, 지분을 나눠줄 대상과 시점을 신중히 선택해야 한다.

지분 이동은 복잡한 세무 이슈를 동반한다. 증여나 양도로 지분을 옮길 경우 증여세나 양도소득세 문제가 발생하며, 시가 평가를 어떻게 하느냐에 따라 세 부담이 크게 달라진다. 특히 기업 성장 과정에서 가지급금(대표이사가 회사에 빌린 돈)이나 명의신탁주식 등의 문제가 누적되어 있다면, 이를 지분 이동 과정에서 함께 해소할 수 있다.

★ **체크포인트** 이상적인 지분 구조는 회사 전략에 따라 다르다. 가족기업으로 키울 생각이라면 가족에게 일정 지분을 미리 증여해서 절세 효과를 보는 방안을 고려할 수 있다. 반면 IPO나 M&A를 지향한다면 핵심 인력에게 스톡옵션이나 지분을 나눠줘 동기 부여를 하고, 남는 지분은 투자 유치 여력을 남겨두는 편이 좋다.

또한 지분 이동은 한 번에 끝나지 않고 지속적인 과정일 수 있다. 회사의 성장이 가속화되면 필요에 따라 증자(자본 증가), 감자(자본 감소), 합병 등의 이벤트로 지분 변동이 이어질 수 있으므로, 큰 그림에서 지분 전략 로드맵을 그려두어야 한다.

## 4단계 : 비상장주식 가치 평가 - 우리 회사 가치는 얼마일까?

기업의 현재 순자산가치와 순손익가치를 따져 주당 가치를 산출해보는 작업을 주기적으로 실시해야 한다. 이는 향후 투자자 모집, 지분 양도, 상속 증여 계획 수립 등에 필수적인 자료가 된다.

중소기업의 주식 가치는 재무제표상 장부가치와 실제 시가가 다를 수 있다. 특히 이익잉여금이 많이 쌓여 있거나 부동산 등 숨은 가치가 크다면 주식 가치가 높게 평가되어 상속세나 증여세 부담이 커질 수 있다. 따라서 필요한 경우 잉여금을 배당이나 투자 등의 형태로 적절히 활용해 주식 가치를 관리하는 것이 좋다. 반대로 회사 가치를 일부러 낮추려 무리하게 재무제표를 안 좋게 꾸미는 것은 투자 유치나 신용도 측면에서 불리하며, 세법상 부당행위 계산으로 제재를 받을 수 있으니 투명성을 유지해야 한다.

또한 주식 가치 평가는 경영진에게 성과지표(KPI)로 활용되어, 기업 가치 증대를 위한 노력으로 이어지게 할 수도 있다. CEO는 주식 가치의 추이를 보며 '우리 회사가 제대로 성장하고 있는가? 정체되어 있는가?'를 점검하고, 필요시 외부 전문가의 자문을 통해 기업 가치를 높일 방안을 모색하는 것이 좋다.

★ 체크포인트 주식 가치 평가 결과 회사 가치가 예상보다 낮다면, R&D 투자나 신사업 진출 등을 통해 미래 수익 가치를 높이는 전략을 취해야 한다. 반대로 회사 가치가 너무 높아 상속세 문제가 우려된다면, 미리 가업상속공제 요건을 갖추거나 지분 일부를 매각하여 현금을 확보해두는 등 상속 플랜을 가다듬을 수 있겠다.

## 5단계 : 자금 조달 – 성장을 위한 실탄 확보 전략

기업이 성장하려면 운영자금과 투자자금이 뒷받침되어야 한다. 이 단계에서는 어떻게 자금을 조달할 것인지 전략을 짜야 한다. 은행 차입, 정책자금 활용, 벤처캐피털 투자 유치, 회사채 발행 등 여러 경로가 있을 수 있다. 중요한 것은 우리 회사에 맞는 자금 조달 방법을 선택하는 것이다. 예를 들어 기술 기반 기업이라면 정부의 R&D 정책자금을 노려볼 수 있고, 빠른 성장이 예상된다면 벤처캐피털 투자를 유치하는 편이 나을 수 있다. 비교적 안정된 중소기업이라면 신용보증기금이나 산업은행의 저리 대출을 활용하는 방법도 있다.

자금 조달에는 비용과 권한 희석의 트레이드 오프(trade off)가 따른다. 은행 대출은 이자비용이 부담이지만 지분 희석은 없다. 반면 투자 유치는 자금이 투입되나 창업주의 지분이 줄고 간섭이 생길 수 있다. 또한 기업 신용도 관리가 무엇보다 중요하다. 평소 투명한 회계와 높은 신용등급을 유지해야 필요할 때 적기에 자금을 끌어올 수 있다.

정부의 정책자금을 사용할 경우 용도 제한과 사후 관리 요건을 숙지해야 한다. 한편, 과도한 부채는 기업을 위태롭게 하므로 적정 부채비율을 유지하는 게 중요하다. 자금이 부족하다고 무리하게 고금리 사채나 카드론 등에 의존하면 장기적으로 더 큰 위험에 빠질 수 있다.


★ 체크포인트 기업신용평가를 주기적으로 확인하고 개선해야 한다. 공공사업 참여나 대기업과의 협력을 통해 신용도를 높이는 노력도 필요하다. 자금 계획은 단순히 당장의 부족분을 메우는 것이 아니라 미래 성장의 마중물이어야 한다. 향후 1년, 3년, 5년

의 자금 수요를 예측하여 선제적으로 자금을 확보하는 전략이 좋다. 또 다른 팁은, 여러 금융 수단을 조합하는 것이다. 정책자금, 은행대출, 리스 활용, 외부 투자 등을 적절히 믹스하면 자금 구조를 최적화할 수 있다. 마지막으로 자금 조달 후에는 이를 투명하고 효율적으로 관리해야 기업 성장이 탄력을 받을 수 있다. 자금 흐름에 문제가 생길 경우를 대비해 추가 담보 여력 확보나 비상용 유동성 확보와 같은 플랜B를 마련해두는 것도 중요하다.

## 6단계 : 법인세 절세 - 세금도 전략이다

기업이 이익을 내기 시작하면 합법적으로 법인세를 절감할 수 있는 모든 방안을 모색해야 한다. 조세특례제한법상의 중소기업 세액감면이나 각종 세액공제 혜택을 챙기고 있는지 확인해보아야 한다. 또한 기업에 누적되어 있는 가지급금(겉은 대여금이지만 회수가 안 된 돈)이나 가수금(대표가 회사에 빌려준 돈), 미처분 이익잉여금 등을 정리하는 것도 중요한 절세 포인트이다.

절세와 탈세는 한 끗 차이다. 무리한 비용 처리나 편법 증여 등은 향후 세무조사에서 큰 문제가 된다. 반드시 합법적인 범위 내에서 절세 전략을 세워야 한다. 매년 바뀌는 세법 개정에도 민감하게 대응해야 한다. 새로운 공제나 감면 규정이 생길 수 있고, 반대로 사내 유보에 대한 과세 강화 등 불리한 변화도 나타날 수 있다. 이런 것들을 모르고 지나치면 '몰라서 못 받은 혜택'이 생긴다.

또한 회사에 남아도는 현금이 많다고 해서 대표이사가 개인적으로 쓰면 상여 처분되어 추가 소득세가 과세될 수 있고, 업무와 무관한 지출은 손비로 인정되지 않아 법인세 부담만 늘리게 된다.

★ 체크포인트 조세특례 혜택은 일몰기한이 있으니 미리 요건을 갖춰 두어야 한다. 또한 비용 증빙 관리를 철저히 해서 빠뜨리는 공제가 없도록 해야 한다. "세금은 내는 것이 아니라 관리하는 것"이라는 말처럼, 매년 법인 결산 전에 예상 세액을 점검하고 절세 방안을 실행에 옮기는 게 슬기로운 방법이다. 작은 절세보다 중요한 것은 리스크를 제거하는 일임을 기억하기 바란다.

## 7단계 : 기업 인증 – 정부 지원과 신뢰도 향상의 열쇠

회사가 일정 궤도에 오르면 각종 기업 인증을 획득해서 대외 신뢰도를 높이고 정부 혜택을 노려봐야 한다. 정부는 중소기업 활성화를 위하여 직무발명보상제도, 기업부설연구소 등의 인증과 제도를 통해 정책자금을 지원하고 있다. 대표적인 인증으로 벤처기업 인증, 이노비즈(INNO-BIZ, 기술혁신형 중소기업) 인증, 메인비즈(Main-Biz, 경영혁신형 중소기업) 인증 등이 있다. 벤처기업 인증을 받으면 세제 혜택과 투자 유치 면에서 우대받고, 이노비즈 인증이나 메인비즈 인증을 받으면 정책자금과 가점 등 다양한 지원이 따라온다. 업종에 따라 ICT 인증, 녹색 인증, 뿌리기업 인증 등 특화 인증도 고려 대상이다. 또한 국제 ISO 인증(품질경영 ISO 9001, 환경경영 ISO 14001 등)을 취득하면 회사의 프로세스가 체계적임을 대내외에 증명할 수 있다.

각 인증마다 요건과 절차가 있으므로 섣불리 도전했다가 시간과 노력만 들이고 실패할 수 있다. 준비가 안 된 상태에서 신청하면 부결될 뿐 아니라 이후 재신청에 불리할 수 있다. 또한 인증 취득이 끝이 아니라 사후 관리가 중요하다. 인증을 받기 위해 억지로 숫자를 맞추거나 일시적으로 지출을 늘리는 일은 삼가야 한다. 기술개발 실적을 내기 위해 불필요한 특허를 남발한다든지, 고용을 늘렸다가 이후 감축하면 도리어 신뢰도에 타격을 줄 수 있다.

★ **체크포인트** 정부 정책 동향을 잘 파악하여 우리 회사에 유리한 인증을 선별해야 한다. 또한 인증을 통해 얻는 혜택 대비 비용을 고려해 우선순위를 정해야 한다. 인증 취득 과정 자체도 회사에 긍정적인 변화를 줄 수 있다. 여러 인증을 종합적으로 갖추면 회사의 공신력이 상승하고, 이는 거래처 확보나 인재 채용에도 도움이 되는 선순환을 만든다.

## 8단계 : 연구개발(R&D) – 미래를 위한 투자와 보상

기업부설 연구소 설립이나 연구 전담부서 설치는 단순히 기술개발뿐만 아니라 세제 혜택 측면에서도 매력적이다. 일정 요건을 갖추면 각종 조세·관세 혜택과 지원금을 받을 수 있다. 또한 정부의

R&D 지원 사업에 참여할 때 가점을 받거나 전용 지원 프로그램 신청 자격이 주어진다. 직무발명보상제도 도입도 R&D 단계의 핵심 과제로 볼 수 있다. 직원이 직무 발명으로 특허를 내고 그 권리를 회사에 양도할 경우 보상금을 지급하면, 그 보상금에 대해 세액공제 및 소득세 비과세 혜택을 부여한다.

연구소를 설립하면 연구인력 인건비, 시설 투자 등 비용이 발생하므로 회사의 재무 여건에 맞게 추진해야 한다. 또한 상시 연구전담 인력 수, 전용 연구 공간 확보, 최소 자본금 등의 기준을 충족해야 하므로 사전에 철저히 준비해야 한다. 연구소를 만들어놓고 실제로 연구개발을 하지 않으면 혜택이 환수되거나 제재를 받을 수 있다. 또한 특허 관리도 함께 신경 써야 한다. 연구개발의 산출물인 지식재산권을 확보하고 유지비용(특허 연차료 등)도 고려해야 하며, 혹시 분쟁이 생기지 않도록 직무 발명 보상 절차를 명확히 해야 한다.

★ 체크포인트 R&D에 투입한 노력은 단기 실적이 아닌 장기적 기업 가치로 돌아온다. 기술 축적형 기업으로 인정받으면 시장에서 프리미엄을 얻게 되고, 추후 상장이나 매각 시 높은 가치를 평가받을 수 있다. 연구인력 고용지원금이나 병역 특례 연구 요원 등 인재 확보 측면의 정책도 함께 검토하면 큰 도움이 된다. 또한 사내 R&D 문화 정착을 위해 직원들의 창의적 아이디어를 장려하고, 우수한 발명에 대해 포상하는 문화를 만드는 것이 좋다. 이는 기업

내 혁신 DNA를 키우고 인재들의 로열티를 높여주는 효과가 있다. 마지막으로, 산학협력이나 외부 연구기관과의 협업을 통해 연구 역량을 보완하는 것도 고려해야 한다.

## 9단계 : 배당 - 이익 분배와 재투자의 균형점

회사가 이익을 내기 시작하면 정기배당(결산 배당)으로 1년에 한 번 배당할지, 성장기에 있는 회사라면 무배당으로 재투자에 올인할지, 또는 중간배당을 실시할지 등을 검토해야 한다. 배당은 대주주인 CEO 자신의 보상 측면도 있지만, 다른 주주들의 기대감을 만족시키는 부분도 있다. 또한 배당을 통해 가족에게 현금흐름을 이전함으로써, 그 자금으로 다시 회사 지분을 매입하게 하는 승계 전략도 사용할 수 있다

배당을 할 때는 너무 인색하게도, 너무 후하게도 하지 않는 균형감각이 중요하다. 배당을 전혀 하지 않아 이익을 사내에 유보만 하면 미처분이익잉여금 누적으로 상속세 부담이 커질 수 있다. 반면, 과도한 배당은 회사의 재무안정성을 해치고 성장에 필요한 자금을 잠식한다. 또한 가족 등 특수관계자에게 지나치게 배당을 집중하면 세무당국이 편법 증여로 의심할 수도 있다.

배당 시점도 전략적으로 선택해야 한다. 배당소득 세율이나 원천징수 세율 변화, 주주 구성 변화 등을 고려하여 결정해야 한다. 주식을 매각하거나 승계를 앞두고 있을 때는 배당보다는 주식 가

치 관리에 집중하는 편이 나을 수 있다.

★ 체크포인트 배당 정책은 기업의 메시지이기도 하다. 꾸준한 배당은 회계 투명성과 경영 안정성을 대내외에 어필할 수 있고, 무배당은 적극적 투자 성향을 보여준다. 기업의 상황에 맞게 명확한 배당 정책을 수립해두면 좋다. 많은 기업이 현금배당만 가능하다고 알고 있는데, 자사주나 부동산 등으로 배당을 지급하는 현물배당도 검토해보자.

## 10단계 : 자녀 임원 등재 - 차세대 경영인 육성과 검증

가업 승계를 염두에 둔다면 어느 시점에 자녀를 임원으로 합류시킬지 결정해둬야 한다. 이는 단순한 가족 고용이 아니라, 차세대 경영인을 육성하는 과정이라 할 수 있다. 자녀가 경영 수업을 충분히 받고 회사 업무에 숙달될 수 있도록 중요한 직책을 미리 맡겨보는 게 좋다. 보통 가업상속공제 등 혜택을 받으려면 상속인(자녀)이 상속 전 2년 이상 회사에 종사하고 임원으로 재직해야 하는 요건이 있으므로(연령 요건 등 추가) 주의해야 한다.

등기임원(이사, 감사 등)으로 올릴지, 비등기 임원(실무 직책)으로 시작할지도 고민해야 한다. 준비되지 않은 상태에서 요직에 앉히면 오히려 조직의 사기 저하나 실책으로 이어질 수 있다. 가능하면 현장 경험을 다양하게 쌓거나, 외부에서 경력을 쌓은 후 합류시키는 게 좋다. 또한 보수 수준이 적정해야 한다. 세법상 특수관계인에게 과다 보수를 주면 비용 인정이 안 될 수 있고, 다른 임직원들과의 형평성 문제도 생길 수 있다. 임원 규정 정비를 통해 승진, 보수, 책임 범위를 명확히 해두어야 한다. 예컨대 "가족이라도 일정 성과를 내지 못하면 직위를 박탈한다"라는 식의 엄격한 원칙을 공개적으로 천명해두면 조직도 수긍하기 쉽다.

마지막으로, 자녀를 임원에 앉힌 후 권한 이양 속도를 잘 조절해야 한다. 처음부터 경영 전권을 주기보다는 점진적으로 역할을 확대하며 멘토링을 하는 것이 바람직하다.

★ **체크포인트** 자녀를 임원으로 등재하는 것은 곧 승계 플랜의 본격 시동이다. 이 단계에서는 회사의 중장기 비전과 가치관을 전수하는 작업이 병행되어야 한다. 단순히 자리만 물려주는 게 아니라 왜 이 사업을 하는지, 회사의 핵심 경쟁력은 무엇인지, 이해관계자들과 어떤 관계를 구축해왔는지를 체득시키는 게 중요하다.

또한 가족 경영 체제에 대한 신뢰를 심어줘야 한다. 이를 위해 MBA 취득, 기술 자격 보유, 대외 활동 등 프로필 개발도 지원하는 게 좋다. 한편, 자녀를 포함한 차세대 경영진에게 지분을 일부 증여하거나 스톡옵션을 부여해 책임의식을 높이는 것도 추천한다. 향후 승계 작업이 보다 자연스럽고 무리 없이 진행될 것이다.

## 11단계 : 세무조사 대응 - 유비무환의 자세로 투명경영

회사가 성장하면 언젠가 세무조사 대상이 될 가능성이 높아진다. 따라서 평소 세무 리스크 관리와 세무조사 대응책 마련은 CEO의 중요한 임무다. 우선 성실신고가 기본이다. 세무조사는 신고 내용에 대한 검증이므로 탈루나 오류가 없도록 회계 처리를 해야 한다. 또한 자가진단을 주기적으로 실시해 스스로 세무조사를 해보는 것도 좋다. 취약 부분이 드러나면 수정신고를 해서 문제를 해소하거나 증빙을 보완해두어야 한다. 외부 세무법인에 모의 세무조사를 의뢰하는 것도 유용하다.

세무조사 통지가 오면 당황하지 말고 침착하게 준비해야 한다. 자료 파악부터 대응 전략까지 미리 정해둔 시나리오가 있다면 한결 수월하다. 특히 중소기업에서 흔히 지적되는 접대비 한도 초과, 인건비 지급의 증빙 미비, 가지급금 인정이자 누락, 명의신탁주식 관련 증여세 등을 평소에 꼼꼼히 챙겼다면 문제가 없을 것이다. 거래처 간 주고받은 자금 흐름도 투명하게 설명되어야 한다.

내부 통제 측면에서는 중요 거래나 결정은 이사회 승인 등 절차를 밟고, 중요한 재무사항은 감사(또는 감사위원회) 체크를 받는 등 투명경영을 실천해야 한다. 이런 노력들은 세무조사뿐 아니라 이후 외부감사나 투자 실사(Due Diligence) 때도 회사를 지켜주는 방파제가 될 것이다.

세무조사에서 한 번 찍히면 이후 주기적으로 재조사를 받거나 감시 대상이 될 수 있으니 첫 조사 때 최대한 신뢰를 주어야 한다. 조사관 질의에는 거짓 없이 답하되, 모르는 부분은 추측해서 말하지 말고 세무 대리인과 상의해야 한다. 또한 조사 범위가 세무 외에 노무(4대보험)나 관세 등으로 확대될 수도 있으므로 관련 부서와 공조 체제를 갖추는 게 좋다.

★ **체크포인트** 가장 좋은 세무조사 대응은 조사를 받지 않는 것이라는 말이 있다. 완벽하게 모든 법규를 지키는 것은 어렵지만, 비교적 안전한 수준으로 운영하면 선정 대상에 포함될 확률이 낮아진다. 차명계좌 사용, 이중장부 등 명백한 탈법 행위를 안 하는 건 기본이고, 업종 평균에 비해 지나치게 낮은 세율을 보인다든지 매출 대비 이익률이 비상식적으로 낮다든지 하는 의심 신호를 피해야 한다. 또한 회계법인이나 세무법인과 자문 계약을 맺어 매년 바뀌는 세법과 정책 이슈를 점검받고 업데이트하는 것이 좋다. 이를 통해 새로운 혜택을 챙기는 것은 물론 잠재적 위험 요소까지 조기에 발견할 수 있다.

## 12단계 : 사내근로복지기금 설립 – 복지와 절세를 한 번에

사내근로복지기금은 회사가 출연한 재원으로 직원들의 복지 사업을 수행하는 일종의 기금법인인데, 절세와 가업 승계에 효과적인 수단이 된다. 또한 직원 만족도를 높여준다. 장학금, 주택 자금 대출, 의료비 지원 등 추가 복지 혜택을 누릴 수 있어 직원들의 사기가 올라가고 회사에 대한 로열티도 커진다. 노사 협력 증진 차원에서도 긍정적 효과를 주므로, 회사를 장기적 안목으로 발전시키는 하나의 가치 경영 전략으로 삼을 만하다.

우리 회사 여력으로 기금에 얼마나 출연할지, 그리고 언제 설립할지가 중요하다. 일단 기금을 설립하면 회사가 현금은 물론 부동산, 주식 등 모든 자산을 출연할 수 있다. 특히 자사주(자기주식)를 기금에 출연하는 전략이 주목받는데, 이는 출연한 금액만큼 법인 비용으로 인정되어 법인세 절감 효과가 있다. 오너가 재산을 기금에 유증하거나 출연하면 해당 자산은 상속세나 증여세 과세 대상에서 제외되므로 매우 효율적이다.

★ 체크포인트 사내근로복지기금을 설립하려면 노동부 인가 등 행정 절차를 거쳐야 하므로 준비에 시간이 걸린다. 또한 기금을 운영할 이사회(기금운용위원회)를 구성하고 정관을 만드는 등 소규모 기업에겐 약간 부담일 수 있다. 그리고 한 번 출연한 자산은 기금 소유가 되며 임의로 회수할 수 없다는 점에 유의해야 한다. 따라서 여유 자금이나 전략 자산을 활용하되 경영에 지장이 없도록 범위를 설정해야 한다. 기금 출연 자산은 증여세·상속세 비과세 혜택이 있지만, 이것만 노리고 편법 증여에 활용하면 추후 제재를 받을 수 있다.

기금 설립 후에는 투명한 운영이 필수이다. 직원들에게도 혜택이 제대로 돌아가야 하고, 기금 재산 운용 내역을 주기적으로 공시 또는 보고하여 신뢰성을 유지해야 한다. 전문가 자문이나 금융기관 신탁 서비스 등을 활용해 안정적으로 운용하는 게 좋다. 또한 기금을 통해 자사주를 출연하였다면, 자사주 활용에 대한 규정을 명확히 해두어야 한다.

## 13단계 : 경정청구 – 잊고 있던 세금 환급받기

회사 운영에 바빠서 또는 정보 부족으로 인해 받을 수 있는 세제 혜택을 놓쳤다면, 경정청구를 통해 환급받을 수 있다. 경정청구란 이미 납부한 세금에 대하여 잘못이나 누락이 있었음을 주장해 돌려받는 제도다. 국세 기본법 제45조의2에 따라 직전 5년간 받지 못했던 세제 혜택이나 자료 미비로 더 낸 세금을 국세청으로부터 돌려받을 수 있다.

지난 5년 치 결산과 세무신고를 다시 훑어보고, 혹시 그동안 세법 개정이나 제도 신설로 인해 소급 적용이 가능한 혜택이 있는지 살펴보기 바란다. 최근에는 중소기업 지원 세제가 다양해져 경정청구로 목돈을 환급받는 사례도 많다. 만약 경정청구로 환급을 받았다면 그 부분은 기업의 추가 이익이 되므로 잘 활용하고, 반복되는 실수를 줄이는 교훈으로 삼으면 되겠다.

★ 체크포인트　경정청구는 신고기한이 지난 후 5년 이내에 청

구해야만 환급이 가능하다. 이 기간을 놓치면 구제받을 길이 없다. 또한 경정청구를 한다고 무조건 다 환급되는 것은 아니다. 증빙 자료를 제대로 제출하고, 해당 공제나 감면의 요건을 충족했음을 명확히 소명해야 국세청이 인정해준다. 따라서 근거를 탄탄히 갖춘 후 진행하는 것이 좋겠다. 그리고 경정청구 사유가 부당한 경우 오히려 세무조사의 빌미가 될 수도 있으니, 정당한 권리 구제 범위 내에서 활용해야 한다.

## 14단계 : 자기주식 취득 – 필살기, 자사주 매입의 묘수

자기주식 취득(자사주 매입)은 회사가 자신의 주식을 다시 사들이는 것인데, 이 전략은 여러 차원에서 매력이 있다. 유통 주식 수를 줄여 주당 가치(주가)를 높이는 효과가 있고, 매입한 주식을 소각하면 남은 주주들의 지분율이 자동으로 높아져 주주 가치 환원이 된다. 또한 가업 승계를 앞둔 회사에서는 지분 구조를 조정하는 데 활용할 수 있다. 동시에 창업주는 매각 대금으로 상속세 재원을 확보할 수 있는 장점도 있다.

자사주 매입은 강력한 무기지만 신중한 검토가 필요하다. 우선 매입에 드는 자금이 회사에서 유출되므로 재무 여력이 뒷받침되어야 한다. 미래 성장 투자에 쓸 돈을 자사주 사는 데 쓰면 안 된다. 또한 매입 가격이 적정해야 한다. 시장 가격보다 높게 매입하면 파는 주주의 부는 늘고 안 판 주주의 부는 줄어드는, 일종의 주주 간부의 이전 효과가 발생한다. 이는 남은 주주(예를 들어 가족 주주) 간에 형평성 문제나 분쟁을 일으킬 수 있다. 반대로 지나치게 싸게 매입하면 파는 쪽이 손해를 보았다는 불만을 가질 수 있다.

세법상 요건도 중요하다. 자사주를 취득하는 목적이 소각인지 보유인지에 따라 회계 및 세무 처리가 다르다. 특히 승계 목적으로 자사주를 활용할 때 과세당국이 이를 변칙 상속으로 볼 수도 있으므로 유의해야 한다. 과도한 자사주 매입은 회사에 쌓인 이익을 현금으로 나누어주는 것과 같아 '투자할 곳 없는 회사'라는 인상을 줄 수도 있다는 점도 고민해야 한다.

★ 체크포인트 자사주 전략을 쓰려면 취득 목적과 계획을 명확히 세워야 한다. 경영권 방어가 주목적이라면 적정 시점에 시장에 풀린 지분을 매입해 우호 지분으로 확보하는 전략을 펼 수 있다. 승계 절세가 목적이라면, 어느 정도 지분을 자사주로 소각할지 계산해보고 관련 세금 이슈(의제배당 과세 등)가 없는지 확인해야 한다. 또한 스톡옵션 부여나 ESOP(우리사주조합)에 쓸 지분을 마련하기 위해 자사주를 확보하는 경우에는 직원들의 지분 참여를 촉진해 경영권 우호 세력을 늘리는 효과를 기대할 수 있다.

아울러 자사주 매입을 실행할 땐 상법상 주주총회 결의 등 절차를 엄수하고 공시 의무에도 신경 써야 한다. 세무 당국의 소명 요구가 있을 수 있으니 자료를 철저히 준비해두면, 필요할 때 제대로 활용할 수 있는 최고의 필살기가 될 수 있다.

## 15단계 : 외부감사 준비 - 투명경영의 새 시대 맞이

회사 규모가 커지면 드디어 외부감사의 문턱에 들어서게 된다. 최근 사업연도 말 자산 120억 원 이상, 부채 70억 원 이상, 매출액 100억 원 이상, 종업원 100명 이상 중 두 가지 이상의 조건을 충족하면 외부감사 대상이 된다. 또는 자산이나 매출 500억 원을 넘기는 등 큰 회사가 되면 한 가지 조건만으로도 외부감사 대상이 된다.

중요한 것은 언제 외부감사 대상이 될지 미리 예측하고 준비하는 것이다. 만약 올해 자산과 매출이 빠르게 성장하여 두 가지 조건을 처음 충족했다면, 다음 회계연도부터는 외부감사를 받게 될 가능성이 크다. 외부감사를 처음 받는 중소기업들은 큰 충격을 받을 수 있다. 그동안 내부적으로 얼추 맞다고 넘겼던 부분도 외부감사인의 눈에는 수정사항으로 지적될 수 있고, 회계 기준 미준수 사항이 드러날 수 있다. 따라서 사전 준비가 필수다.

우선 재무제표를 작성하는 방식이 일반기업회계기준 등에 부합하는지 점검해야 한다. 특히 수익 인식, 충당금 설정, 감가상각 등에서 회계 처리를 적정하게 해왔는지 살펴봐야 한다. 또 하나 중요한 건 내부 통제 시스템이다. 외부감사인은 회계 시스템뿐 아니라 회사의 내부 통제 절차(결재 프로세스, 재무 담당자 분장, IT 시스템 통제 등)도 들여다보므로 허술한 부분이 있다면 보완해야 한다. 자료 보관과 증빙 관리도 철저히 해야 한다. 그간은 다소 느슨했다면 이제 영수증 하나까지 꼼꼼히 정리해두어야 감사인 요구에 바로 대응할 수 있다. 외부감사 대비를 위해 감사인을 미리 선정해 예비점검(프리-클로징 검토)을 받아보는 것도 좋다.

외부감사 첫 해에는 비용과 시간이 꽤 소요될 수 있으므로 예산에 감사 보수 등을 반영해두고, 경영진도 마인드셋을 가져야 한다. '우리 회사도 드디어 큰물에 들어섰다'는 긍정적 자세로 투명성을 강화하면, 장기적으로 지속가능한 성장에 큰 자산이 될 것이다.

★ 체크포인트 외부감사를 통해 재무 투명성이 확보되면 은행 차입이나 투자 유치 시 신뢰가 높아지고, IPO 준비에도 탄력을 받게 된다. 따라서 외부감사 대상이 되기 전부터 자발적 외부감사(임의감사)를 받아보는 것도 권장할 만하다. 이를 통해 부족한 점을 발견해 미리 보완할 수 있게 된다. 또한 인력 보강을 고려해야 한다. 회계 팀에 공인회계사 등 전문가를 채용하거나, 컨설팅을 받아 체계를 잡아야 한다. 감사위원회(또는 감사)를 활성화해 경영진이 회계를 부당하게 좌지우지하지 못하게 하는 등 지배구조 측면의 개선도 필요하다.

## 16단계 : 상속 플랜 - 가업 승계를 위한 사전 포석

기업을 일구는 데 평생을 보냈다면 내 재산과 회사를 다음 세대에 어떻게 물려줄 것인가 고민할 단계가 찾아온다. 상속 플랜은 단순히 유산을 나누는 게 아니라, 기업의 지속성과 가족의 재산 보호를 위한 종합 계획이다. 상속은 피할 수 없지만 준비된 상속은 기업을 살리고, 즉흥적인 상속은 기업을 망칠 수 있다.

핵심은 가업상속공제 등 세제 혜택을 최대한 활용해 기업을 온전히 승계할 방법을 찾는 것이다. 중소·중견기업이 조건을 충족하면 최대 600억 원까지 상속세를 공제해준다. 이때 피상속인(현 CEO)이 10년 이상 업력을 가지고 있어야 하고, 상속인이 2년 이상 기업에 종사하는 등 여러 요건을 충족해야 한다. 이런 요건을 충족할 수 있도록 승계 준비를 해야 한다. 또한 상속 재원 마련을 위해 주식 일부를 사전 증여하거나 가업홀딩스 설립(지주회사 전환) 등도 고려할 수 있다.

우리나라 상속세율은 최고 50%로 매우 높은데, 이를 간과하고 있다가 막상 상속이 개시되면 막대한 세금을 감당하기 어려워 기업을 매각하거나 청산해야 하는 상황도 생긴다. '설마 내가 그때까지는 살겠지' 하고 미루지 말고, 법적으로 증여나 상속 설계를 최대한 준비해두어야 한다. 가업상속공제를 받더라도 5년간 유지해야 할 사후 요건(업종 유지, 고용 유지 등)이 까다로우므로 가족과 회사가 그 요건을 지킬 수 있을지 현실적으로 검토해야 한다.

승계 대상 자녀가 여러 명이면 지분 분할과 경영권 분쟁 방지 대책도 필요하다. 또한 승계 작업 중에 형제간, 가족 간 갈등이 생기지 않도록 투명하게 소통하는 것이 무엇보다 중요하다. 상속 설계 시 생전 증여 한도(10년 내 합산 과세)나 사전 상속 조치 등을 잘 활용하고, 법적 위험을 미리 점검해두어야 한다.

★ 체크포인트 상속 플랜을 짤 때는 세금, 지배권, 기업 성장 세

마리 토끼를 한 번에 잡는 것이 목표가 된다. 우선 세금 측면에서는 가업상속공제 외에 증여세 과세특례(중소기업 자녀 증여 시 10억 원 공제 등)도 검토하고, 연부연납이나 사전 증여를 통해 납세 재원을 확보하는 전략을 활용하는 게 현명하다. 지배권 측면에서는 경영권이 안정되도록 지분을 가족 간에 어떻게 배분할지, 신탁 등을 활용할지도 고려해야 한다. 우호 지분 형성으로 외부 견제를 막는 장치를 생각할 수도 있다. 기업 성장 측면에서는 승계 과정에서 회사가 위축되지 않도록 평소에 전문화된 경영 인력과 시스템 경영을 구축해놓는 게 중요하다. 또한 CEO가 갑작스럽게 유고 시 누가 대행을 할지, 유언장은 작성할 것인지 등 비상 계획을 세워두어야 한다.

## 17단계 : 경영권 방어 – 우리 회사를 지키는 마지막 보루

경영권 방어 단계에서는 적대적 인수 합병(M&A) 시도로부터 회사를 지키고, 불가피하게 지배주주 지분이 낮아지는 상황에서도 경영권을 유지할 방법을 고민해야 한다. 핵심은 우리 회사의 지분 분포와 거버넌스 구조를 점검해 취약점이 없는지 파악하는 것이다. 만약 CEO 및 우호 지분의 합계가 과반 이하로 떨어질 전망이라면, 미리 방어 수단을 마련해야 한다. 또한 상장 계획이 있다면 상장 후 경영권 방어책을 검토해야 한다.

경영권 방어 수단을 너무 강조하면 소액주주 이익을 해치는 것으로 비칠 우려가 있으므로 투명한 명분을 갖춰야 한다. 자기주식도 양날의 검이다. 필요 이상으로 많이 보유하면 자금 효율성이 떨어지고, 나중에 재매각할 때 기존 주주 가치 희석 이슈가 생긴다.

회사의 가치가 높고 투명한 지배구조를 유지하면 적대적 인수 시도가 들어올 틈이 줄어든다. 괜찮은 회사를 억지로 인수하려면 큰 비용이 들기 때문에 시도 자체를 포기하게 만드는 것이 된다. 결국 지배구조를 건전하게 유지하면서 동시에 방어력을 갖추는 균형이 중요하다. 설령 경영권이 위협받더라도 기업 가치를 훼손하지 않으면서 협상력을 발휘해 우리 회사의 비전을 지켜내는 것이 CEO의 책무임을 기억하기 바란다.

★ 체크포인트 평소 지분을 가족 및 우호 지분에 안정적으로 배분해놓고, 우리사주조합을 만들어 일정 지분을 확보하면 경영권을 지키는 든든한 울타리가 된다. 실제로 많은 기업들이 직원들에게 우리 사주를 배정해 적대적 M&A 억제 효과를 보곤 한다.

또한 전환사채(CB), 신주인수권부사채(BW) 등을 활용해 필요시 우호 세력이 지분을 확보할 수 있게 옵션을 두는 것도 좋다. 정관에 방어 조항을 넣는 것도 고려하기 바란다. 상장사가 아니라면 의결권 제한 종류 주식을 활용해 의결권을 집중시키는 방법도 있다.

## 기업의 최종 전략적 방향 : 승계, 상장, 매각, 청산을 향해

이상의 17단계를 차근차근 밟아오다 보면, 결국 기업은 네 가지

결말 중 하나의 길을 걷게 된다. 가업 승계, 기업 상장(IPO), 기업 매각(M&A), 기업 청산이 그것이다. 각 방향마다 요구되는 준비와 전략이 조금씩 다르다.

## 가업 승계

자녀 등 후계자에게 기업을 물려주는 시나리오다. 이미 후계자가 경영에 참여하고 있고, 지분도 어느 정도 이전되어 있으며, 상속세 재원 마련과 가업상속공제 요건도 충족되었다면 성공적인 승계로 갈 수 있다. 승계를 택한 기업은 이후 2세대, 3세대 경영으로 이어지며 가족 중심의 기업 문화를 지속하게 된다. 단, 승계 후에도 기업이 성장하려면 투명경영과 전문경영인 보좌 등 보완책을 함께 마련하면 금상첨화라 할 수 있다.

## 기업 상장

상장을 목표로 한다면 법인 제도 정비(지배구조 투명화), 외부감사 준수, 기업 인증과 R&D로 기업 가치 제고, 경영권 방어 장치까지 신경 써야 한다. 상장은 대규모 자금 조달과 기업 인지도 상승을 가져오지만, 동시에 공시 의무, 소액주주 대응, 주가 관리라는 새로운 과제를 안겨준다. 상장 준비 과정에서 이 17단계 로드맵의 중요 요소들이 거의 다 점검된다고 해도 과언이 아니다. 결국 상장은 기업을 한 단계 도약시키는 선택인 만큼, CEO로서 프로 정신으로 무장하고 투명성과 수익성을 극대화해야 한다.

## 기업 매각

회사 전체를 제3자에게 매각하거나 더 큰 기업과 합병하는 시나리오다. 이는 일종의 엑시트(Exit) 전략으로, 특히 벤처기업이나 투자 유치 기업에서 흔히 고려된다. 매각을 염두에 둔다면 비상장주식 가치 평가를 꾸준히 해 기업 가치를 높여놓는 것이 중요하다. 또한 재무제표 투명성(외부감사), 세무 리스크 정리(가지급금 등 해소), IP 및 인증 확보(R&D 성과) 등이 매수자에게 매력 포인트로 작용할 수 있다. 기업 매각 시에는 경영권 방어보다는 매력적인 매물이 되는 게 목적이므로, 앞 단계들의 수행 결과를 토대로 우리 회사의 강점이 부각되도록 포장해야 한다. 다만 매각 후 회사를 어떻게 할지(계속 경영 참여 vs 완전 퇴진 등)에 따라 사전 정비 사항이 달라질 수 있다.

## 기업 청산

후계자도 없고, 매각이나 상장도 여의치 않은 경우 사업을 정리하고 회사 문을 닫는 선택을 할 수도 있다. 이것도 전략이라면 전략이다. 이 경우에는 남은 자산을 최대한 효율적으로 처분하고 이해관계자들에게 정당히 분배하는 한편, 세금 문제를 깨끗이 정리하는 것이 중요하다. 청산을 앞두고 배당을 통해 자금을 미리 인출하거나, 가능하면 자기주식 소각 등을 통해 지분 정리를 해두는 것이 세제상 유리할 수 있다. 다만 기업을 청산하더라도 그동안 축적된 기술이나 인력은 다른 방식으로 사회에 승계되도록 하는 책임 의식이 필요하다.

## 현재 위치 점검과 미래 대비의 중요성

기업 경영은 마라톤이자 지형 변화가 심한 등산과도 같다. 앞서 살펴본 1단계부터 17단계까지의 과정은 한 번 끝내면 끝이 아니라, 기업 규모와 환경 변화에 따라 끊임없이 돌아보고 개선해야 할 체크리스트다. 지금 우리 회사가 위치한 단계가 어딘지 냉철하게 진단해보기 바란다. 혹시 놓친 부분은 없었는지, 너무 안일하게 넘긴 문제는 없었는지 점검해야 한다.

'설마 우리에게 그런 일이 일어날까' 하는 방심은 금물이다. 한편으로 너무 두려워할 필요도 없다. 정부도 중소기업을 위해 각종 지원책을 내놓고 있고, 좋은 멘토와 전문가를 구하면 충분히 대비할 수 있다. 전략적이며 현실적인 경영이란 미래의 리스크를 직시하면서도 현재의 성장 기회를 놓치지 않는 줄타기다. 지금 어떤 결정을 내리느냐에 따라 5년, 10년 뒤의 모습이 달라질 것이다. 준비된 CEO만이 기회를 자신의 것으로 만들고, 위기를 도약의 발판으로 삼을 수 있다. 우리 회사의 현재 위치를 정확히 알고, 다음 갈 길을 환하게 밝히는 전략의 등불을 항상 가슴에 품기 바란다.

# PART 2

모르면 당한다,
꼭 알아야 할 경영 전략 9가지

# 법인 전환,
# 언제 하는 게 좋을까

개인사업자의 경우 종합소득세 누진세율로 인해 소득이 늘어날수록 세금이 기하급수적으로 증가한다. 예전에는 각종 비용 처리 등을 통해 세금을 줄여보기도 했지만, 성실신고확인제도 등으로 인해 이제는 그런 방식의 절세도 쉽지 않다.

과도한 세금은 사업의 재투자 여력을 약화시키고, 성장의 발목을 잡을 수 있다. 또한 개인사업자는 사업상 생기는 부채나 사고에 대해 무한 책임을 져야 하므로 최악의 경우 개인 자산까지 위험해질 수 있다. 반면 법인사업자는 유한책임 구조로 전환되어 이러한 위험을 분산시킬 수 있다. 세금 문제를 해결하고 사업을 더 확장하려면 법인 전환을 고려해보아야 한다.

## 왜 지금 법인 전환을 고려해야 하는가?

법인 전환을 권하는 이유는 크게 두 가지로 요약할 수 있다.

첫째, 법인에 대한 세제 및 지원 환경이 과거보다 유리해졌다.

**종합소득세율**(지방소득세 별도)

| 과세표준 | 세율 | 누진공제액 |
|---|---|---|
| 1,400만 원 이하 | 6% | - |
| 1,400만 원 초과 5,000만 원 이하 | 15% | 1,260,000원 |
| 5,000만 원 초과 8,800만 원 이하 | 24% | 5,760,000원 |
| 8,800만 원 초과 1억 5,000만 원 이하 | 35% | 15,440,000원 |
| 1억 5,000만 원 초과 3억 원 이하 | 38% | 19,940,000원 |
| 3억 원 초과 5억 원 이하 | 40% | 25,940,000원 |
| 5억 원 초과 10억 원 이하 | 42% | 35,940,000원 |
| 10억 원 초과 | 45% | 65,940,000원 |

**법인세율**(지방소득세 별도)

| 과세표준 | 세율 | 누진공제액 |
|---|---|---|
| 2억 원 이하 | 10% | - |
| 2억 원 초과 200억 원 이하 | 20% | 20,000,000원 |
| 200억 원 초과 3,000억 원 이하 | 22% | 420,000,000원 |
| 3,000억 원 초과 | 25% | 9,420,000,000원 |

정부는 각종 중소기업 지원정책과 세제 혜택을 법인을 중심으로 설계하고 있다. 반면 개인에 대한 종합소득세 최고세율은 여전히 45%(지방세 포함 시 약 49.5%)로 매우 높게 유지되고 있어, 소득 규모가 커질수록 법인이 유리한 세금 구조가 더욱 뚜렷해졌다. 소득이 일정 수준을 넘어서면 동일한 소득이라도 개인사업자보다 법인사업자의 세금 부담이 훨씬 줄어든다.

둘째, 사업의 확장성과 신뢰도 측면에서 법인 전환의 시급성이 있다. 정부의 R&D 지원이나 정책자금, 창업·성장 지원 사업 대다수는 법인을 대상으로 하고 있다. 법인이 받을 수 있는 지원금 규모도 개인보다 훨씬 크다. 금융기관이나 투자자들도 법인을 보다 신뢰하는 경향이 있다. 법인은 기업 자체의 신용도와 재무제표를 바탕으로 평가받기에, 개인사업자에 비해 더 유리한 조건으로 대출을 받거나 투자를 유치할 가능성이 높다. 요컨대 법인으로 전환하면 세제 혜택과 더불어 사업 확장 기회를 잡기 위한 유리한 기반을 마련할 수 있다.

## 어떤 사업자가 특히 법인 전환에 유리한가?

매출이나 이익 규모가 크고 성장 단계에 있는 기업일수록, 그리고 정부·금융 지원을 적극 활용하려는 기업일수록 법인 전환을 통해 얻는 이익이 크다. 특히 연 매출 5억 원 이상이거나 과세소득 1억 원에 가까워진다면 법인 전환을 심각하게 고민해볼 시점이라 하겠다. 이를 보다 구체적으로 살펴보면 다음과 같다.

### 고소득 사업자

연간 순이익이 높고, 이자·배당·임대소득 등 다양한 소득원까지 있어 종합소득세 부담이 큰 경우, 소득이 8,800만 원을 넘어가면 누진세율 구간이 높아지므로 법인 전환을 적극 검토해야 한다.

### 성실신고확인제도 대상 사업자

업종별로 매출이 일정 수준(서비스업 5억 원, 제조업 7억 5,000만 원 등) 이상이면 국세청의 성실신고확인제도 대상이 되는데, 막대한 세금 부담과 함께 매년 별도의 확인 절차를 거쳐야 한다. 이러한 국세청 중점 관리 대상이 된 개인사업자는 법인 전환을 통해 해당 부담에서 벗어날 수 있다.

### 기업 자산(부동산) 가치 상승 기업

기업이 보유한 토지나 건물 값이 크게 올라 양도소득세 부담이 커지는 경우이다. 개인 명의로 자산을 처분하면 양도세를 바로 내야 하지만, 법인으로 전환해 자산을 옮기면 특정 요건하에 양도세를 이월과세 받아 당장 세금을 내지 않을 수도 있다.

### 가업 승계 예정인 기업

향후 자녀 등에게 사업을 승계하려는 경우이다. 개인사업자는 증여세과세특례 등 증여세 절감 혜택을 받을 수 없지만, 법인사업자는 조세특례제도를 활용한 상속·증여 절세 계획을 세울 수 있다.

### 외부 자금 조달 및 공신력 필요

사업 규모가 커져 은행 대출이나 정부 입찰 등에 참여하려는 경우이다. 법인사업자는 대외적으로 신용도가 높게 평가되어 자금 조달이 용이하고, 각종 계약에서도 신뢰를 얻기 쉽다. 반면 개인사업자는 대표 개인의 신용에 의존하므로 큰 규모의 자금이나 거래에 한계가 있다.

### 정부 정책 지원 활용 의도

정부 정책자금이나 고용지원금 등의 혜택을 받고자 하는 기업이라면 법인 전환이 유리하다. 다수의 정부 지원 사업이 법인만을 대상으로 하며, 법인사업자로 전환해야 지원 가능 대상이 되거나 지원 한도가 늘어나는 경우가 많다.

정부 정책자금이나 고용지원금 등의 혜택을 받고자 하는 기업이라면 법인 전환이 유리하다. 다수의 정부 지원 사업이 법인만을 대상으로 하며, 법인사업자로 전환해야 지원 가능 대상이 되거나 지원 한도가 늘어나는 경우가 많다.

## 법인 전환 시 절세 효과 분석

연간 과세소득 2억 원을 벌어들이는 개인사업자가 법인으로 전환했을 경우 세금이 얼마나 줄어드는지 사례를 들어 살펴보겠다. 법인에 순이익 8,000만 원을 남기고 대표자 급여로 1억 2,000만 원을 지급하는 형태로 가정하였다. 이 경우 대표자는 급여에 대한 소득세를 내고, 법인은 남은 이익에 대한 법인세를 부담하게 된다.

다음 표에서 알 수 있듯, 개인사업자는 6,366만 원의 세금을 내야 하는데, 법인 전환을 하면 3,956만 원을 내면 되므로 2,410만 원

| 구분 | 개인사업자(전환 전) | 법인 전환 후(개인+법인) |
|---|---|---|
| 과세소득 | 2억 원(개인사업 순이익) | 2억 원 = 법인 이익 8,000만 원 + 대표자 급여 1억 2,000만 원 |
| 적용 세율 구조 | 종합소득세 6~45%(지방세 포함 최고 49.5%) | 법인세 10~25%(지방세 포함 최고 27.5%) + 급여에 대한 근로소득세 누진과세 |
| 총 세금 부담 | 종합소득세 6,366만 원(지방세 포함) | 법인세 880만 원 + 근로소득세 3,076만 원 = 3,956만 원 |
| 절세 효과 | - | 2,410만 원(세금 38% 감소) |

※ 상기 계산에서는 2025년 기준 법인세율과 종합소득세율을 적용하였다. 상황에 따라 세부 금액은 달라질 수 있다.

(38% 감소)의 세금이 줄어든다.

물론 절세 효과가 모든 경우 이렇게 드라마틱하게 나타나는 것은 아니다. 절세 효과의 크기는 사업체의 순이익 규모, 대표자 급여 책정, 공제 항목 활용 여부 등에 따라 달라질 수 있다. 그러나 법인의 낮은 세율 구조와 소득 분산을 활용하면, 개인사업자에 비해 상당한 세금 절감이 가능하다는 점은 분명하다. 이는 곧 그만큼의 현금 유동성 확보로 이어져, 기업 입장에서는 절약된 세금을 사업 확장이나 운영자금으로 재투자할 수 있다는 의미가 된다.

## 법인 전환 시 고려사항 및 전략

법인 전환에는 세무·법무적인 절차와 함께 이후 기업 운영상의 변화가 따른다. 절세 및 사업 성장을 위해 법인 전환을 결심했다면 이제는 구체적인 실행 전략과 주의점을 살펴볼 차례이다.

## 전환 방법과 세제 혜택 활용

법인 전환 방식에는 크게 일반 양도·양수, 포괄사업양수도(일체의 인적·물적 권리와 의무 양도), 현물출자 등을 통한 설립이 있다. 전환 방법에 따라 세제 혜택과 비용 부담이 달라지므로 신중한 선택이 필요하다. 예를 들어 개인사업자의 자산을 현물출자 방식으로 신설 법인에 넘길 경우 조세특례제한법에 따른 혜택을 받을 수 있다. 이때는 양도소득세를 이월과세 받아 당장 내지 않고 넘길 수 있으며, 부동산에 대한 취득세도 50%까지 감면받는다.

이처럼 세금 부담을 크게 줄일 수 있지만, 일정 요건을 갖춰야만 혜택을 받을 수 있다는 점에 유의해야 한다. 전환 후 신설 법인의 자본금이 기존 사업 순자산가치 이상이어야 하고, 전환 방식 역시 현물출자나 포괄양수도처럼 세법상 요건을 충족하는 방법이어야 한다. 또한 소비성 서비스업(유흥주점, 호텔 등)은 이월과세 혜택에서 제외되는 등 업종 제한도 있으므로 사전에 확인이 필요하다.

만약 이런 특례를 활용해 법인 전환을 했다면, 5년간은 해당 요건을 유지해야 한다. 법인 설립 후 5년 이내에 주요 자산을 처분하거나, 대표자 보유 지분의 50% 이상을 매각하는 등의 경우 그동안 이월되었던 양도소득세가 부과되고, 감면받았던 취득세도 추징될 수 있다. 따라서 세제 혜택을 받으며 법인 전환을 했다면 중장기적으로 사업을 지속할 계획으로 전환해야 안전하다.

## 정부 정책과 지원금 적극 활용

법인으로 전환한 이후에는 정부의 각종 지원제도를 최대한 활용하는 전략이 필요하다. 법인사업자가 되면 이전에는 문턱이 높았던 정책자금 대출, R&D 지원 사업, 고용지원금 등에 도전할 수 있는 자격이 생긴다. 예를 들어 중소벤처기업부의 기술개발 지원 사업이나 수출 바우처 사업 등은 법인 전환 후 신청할 수 있는 대표적인 프로그램이다. 법인 전환을 계기로 이러한 외부 자금을 유치하면, 기업의 성장에 가속도가 붙을 수 있다.

세제 측면에서도 신설 법인에 대한 감면제도를 놓치지 말아야 한다. 일부 창업 중소기업의 경우, 창업 후 최초 소득 발생년도부터 5년간 법인세를 50% 감면받을 수 있으며(수도권 과밀억제권역 밖에서 창업하거나 창업보육센터 입주 시 등), 대표자가 청년(만 15~34세)인 경우 5년간 100% 전액 감면이라는 파격적인 혜택도 있다. 만약 이러한 조건에 해당된다면, 법인 설립 시기에 맞춰 적극적으로 신청해야 한다.

이 외에도 연구 및 인력개발비 세액공제, 투자세액공제 등 다양한 조세 지원 제도가 있으므로, 법인 전환 이후에도 세무 일정 관리와 공제 항목을 철저히 검토해 지속적인 절세를 도모해야 한다.

## 법인 운영상의 변화에 대한 대비

법인 전환은 단순히 세금만 바뀌는 일이 아니라는 점을 강조하고 싶다. 회계 투명성을 위해 복식부기나 결산 서류 작성을 철저히 해야 하고, 대표이사의 급여 지급이나 회사 자금 인출 등도 모두 법인 규정에 따라야 한다. 개인 계좌와 회삿돈을 구분 짓는 사업용 계좌 활용이 필수이며, 법인카드 사용 등 지출 증빙 관리에도 신경을 써야 한다.

초기에는 이러한 변화가 번거롭게 느껴질 수 있지만, 결국 이는 기업 재무 관리의 정교함을 높여주는 과정이다. 체계적인 재무 관리 아래에서 기업 신용도는 자연히 상승하고, 이는 다시 금융기관의 신뢰도 제고로 이어지는 선순환을 만든다.

또한 주주총회, 이사회 등 형식적 절차가 요구되므로 이에 대한 이해와 준비도 필요하다. 중소 법인의 경우 대표이사 1인이 모든 지분을 가지고 있어 형식적인 절차만 거치는 경우도 많지만, 그래도 기업 법률 형태에 맞는 운영을 해야 법적 보호를 받을 수 있다. 이러한 점들을 미리 숙지하고 대비한다면, 법인 전환 후에도 큰 혼란 없이 기업 운영을 이어갈 수 있을 것이다.

# 정관은
# 회사를 지키는 방패다

A기업의 박 대표는 창업 후 20년 만에 은퇴를 준비하면서 큰 난관에 부딪혔다. 오랜 공로에 대한 보상으로 거액의 임원 퇴직금을 책정했지만, 회사 정관 어디에도 임원 퇴직금 지급 기준이 없었던 것이다. 그 결과 세무 당국은 해당 퇴직금을 회사 비용으로 인정하지 않아 막대한 추가 법인세를 부과하였고, 일부 주주는 근거 없이 지급된 퇴직금이라며 반발해 분쟁이 발생했다. 이처럼 정관 정비를 소홀히 한 대가는 세무 리스크와 법적 분쟁으로 돌아올 수 있다.

## 정관 검토는 기업 컨설팅의 시작이다

대개 CEO들은 회사 설립 시 작성한 정관을 수년 동안 들여다보지 않는다. 정관은 그저 창업 시 제출하는 서류가 아니라, 회사의 조직과 의사결정 원칙을 담은 기업 내부의 헌법이다. 실제 상법이나 세법 등 여러 법령에는 "정관에 다른 정함이 없는 한"이라는 문구가 자주 등장한다. 이는 법에서 기본 틀을 제시하되, 내부 규정인 정관에 특별한 정함이 있으면 그 자치 규범을 우선 인정한다는 뜻이다. 다시 말해 기업은 정관을 통해 법률이 허용하는 범위 내에서 자율적으로 제도를 설계할 수 있고, 이를 통해 회사 특성에 맞는 질서를 구축할 수 있다.

　기업 컨설팅이 정관 검토부터 시작되는 이유도 이 때문이다. 정관이 탄탄해야 각종 규정과 법령이 조화를 이루면서 기업 운영이 안정된다. 반대로 정관이 현실과 동떨어져 오래 방치되면 경영 활동마다 불필요한 제약이나 혼선을 빚고, 주주나 임직원 간 분쟁이 생길 소지가 커진다. 애매한 규정은 경영진의 행위를 사후에 위법하거나 부당한 것으로 해석하게 만들고, 세무조사 시 불이익을 초래할 수 있으므로 주기적인 점검과 개선이 필수이다. 정관 정비는 기업의 내부 통제 수준을 높이고 투명한 거버넌스 구축의 첫걸음이며, 잠재적인 법적·세무적 리스크를 사전에 제거하는 작업이다.

## 무엇을 회사가 정하고 무엇을 법이 정할까?

　기업을 둘러싼 규율에는 회사 스스로 마련해야 하는 내부 규정과 국가에서 정한 법령 두 측면이 있다. 정관을 정비하려면 먼저 이 둘의 차이를 이해해야 한다. 법령은 모든 기업에 적용되는 최소한의 기준과 틀을 제시한다. 내부 규정은 그 법령 범위 안에서 우리 회사만의 구체적 기준을 정하는 것이다. 특히 임직원 처우나 회사 운영에 관한 많은 이슈들은 '법에서 정한 대로 해야 하는 것'과 '회사 내부 규정에 따라 정할 수 있는 것'으로 구분된다.

다음 그림은 중소기업 CEO 측면과 근로자 측면에서, 어떤 사항들이 내부 규정으로 정비되어야 하고, 어떤 것들이 법령에 의해 정해지는지를 보여준다.

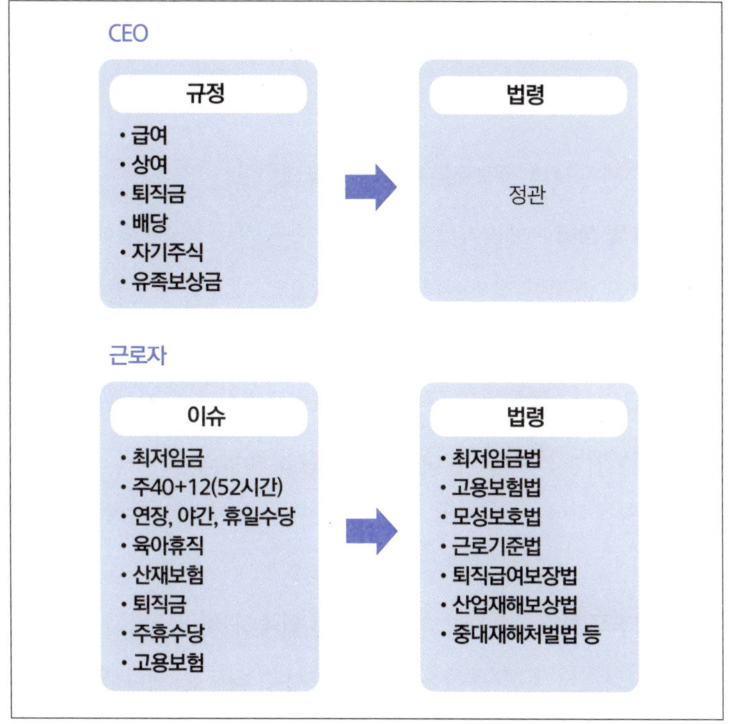



CEO나 경영진에 관한 사항들은 법에서 일괄적으로 정해주지 않거나 회사별로 자유도가 높은 영역이 많다. 이러한 부분에 대해서는 정관이나 규정에 명확히 적어두는 것이 중요하다. 정관에 근거가 있느냐 없느냐에 따라 추후 세법상 비용 처리나 법적 분쟁의 결과가 달라질 수 있기 때문이다.

근로자에 관한 기본적인 처우는 법령에서 최소 기준을 보장하고 있기 때문에 기업은 이를 지키는 것이 우선이다. 다만 회사 입장에서는 법이 정한 범위 내에서 복리후생 규정을 제정하거나 인사 제도를 구축함으로써 직원 만족도를 높이고, 추가 리스크를 관리해야 한다.

### CEO 측면 – 내부 규정으로 정해야 할 사항

- **급여 및 상여** : 대표이사 및 임원의 보수 지급 기준. 법에 명시적 상한은 없지만 정관이나 별도 규정으로 체계화가 필요하다.
- **퇴직금** : 임원 퇴직금 지급 기준. 임원은 직원과 달리 법정 퇴직금 규정이 없어, 정관 규정이 없으면 세법상 한도가 적용된다.
- **배당** : 배당 시기와 지급 방식. 상법상 배당은 연 1회 정기배당이 원칙이나, 중간배당 등은 정관에 규정이 있어야 실시 가능하다.
- **자기주식 취득** : 회사가 자기주식을 취득하거나 소각하는 조건. 원칙적으로 자본 충실을 해치는 자사주 취득은 제한되지만, 예외적으로 이익소각 등 정관이 정한 절차에 따라 가능하다.
- **유족보상금** : 임원 재직 중 사망 시 유족(가족)에 대한 보상 기준. 법령상 의무 사항은 아니지만, 회사 차원의 복리나 리스크 관리 차원에서 정관에 두면 분쟁 예방 및 비용 인정 근거가 확보된다.

- **최저임금** : 법정 최저임금을 준수해야 하며, 매년 정부가 고시하는 금액 이상을 지급해야 한다.
- **근로시간 제한** : 주 40시간 근무 및 최대 12시간 추가연장(주 52시간제)을 준수(근로기준법)해야 한다.
- **각종 수당** : 연장·야간·휴일 근로에 대한 법정 수당 지급 의무(근로기준법)가 있다.
- **휴가·휴직** : 연차 유급휴가 보장 및 출산휴가, 육아휴직 등 법정 휴가를 보장(근로기준법 및 관련 법령)해야 한다.
- **4대 보험** : 산재보험, 고용보험 등 사회보험 가입 의무(산재보상보험법, 고용보험법 등)가 있다.
- **법정퇴직금** : 1년 이상 근속 직원에게 평균임금 30일분 이상의 퇴직금을 지급(퇴직급여보장법)해야 한다.
- **주휴수당** : 1주일간 소정근로일을 개근한 근로자에게 주 1회 유급휴일을 부여(근로기준법)해야 한다.
- **중대재해 예방** : 안전보건 관리 의무 준수 및 중대재해처벌법 적용을 받는다.

## 정관에 있어야 효력이 발생하는 조항(상법상 '상대적 기재 사항')

기업 정관에는 반드시 포함되어야 하는 사항들 외에, 넣으면 효력이 발생하는 선택 조항들이 있다. 이를 상법에서는 '상대적 기재

사항'이라고 부른다. 정관에 빠져 있어도 회사 설립 자체에는 지장이 없지만, 해당 내용을 적용하려면 반드시 정관에 명시해야 효력이 생기는 조항들이다.

기업 경영 컨설팅 현장에서 흔히 지적되는 정관 누락 사항도 바로 이 부분이다. 중소기업의 경우 초기에 법무사가 제공한 표준정관을 사용하는데, 사업이 발전함에 따라 필요한 여러 선택 규정들이 누락된 채 유지되는 경우가 많다. 선택 조항들은 회사마다 필요 여부가 다르지만, 한 번 필요성이 생기면 정관 변경 없이는 실행이 불가능하다. 정관 변경은 주주총회 특별결의 사항으로 상당한 절차와 비용이 수반되므로, 애초에 회사를 설립하거나 성장 단계에서 미리 대비하는 것이 좋다.

대표적인 상법상 상대적 기재사항으로는 주식 양도 제한 규정, 주식매수선택권, 중간배당, 현물배당 등이 있다.

### 주식 양도 제한 규정

비상장회사에서 주식 양도 제한 규정을 두지 않으면, 주주가 자신의 지분을 외부에 자유롭게 매각할 수 있어 경영권이 원치 않게 분산될 위험이 있다. 창업 멤버들만의 합의로 '승계 시 가족에게만 지분을 양도하자'는 방침을 갖고 있더라도, 정관에 주식 양도 제한 조항이 없다면 법적으로는 그 합의를 강제할 방법이 없다. 따라서 지분 구조를 안정적으로 유지하고 싶다면 반드시 정관에 "주식 양도는 이사회 승인 없이는 불가"와 같은 제한 규정을 넣어야 한다.

### 주식매수선택권

기술 스타트업 등이 인재 유인을 위해 주식매수선택권(스톡옵션) 제도를 도입하려 할 때 정관에 관련 조항이 없다면 아예 스톡옵션 부여 자체가 불가능하다. 정관에 없는 상태에서 옵션을 부여하면 그것은 무효가 되고, 나중에 급히 정관을 수정해야 하는 일이 발생한다. 그뿐만 아니라 정관 없이 옵션을 남발할 경우 세법상 증여세나 양도소득세 문제가 발생하여 예상치 못한 세금 부담이 생길 수도 있다.

따라서 임직원 대상 성과 보상 수단으로서 주식매수선택권을 활용하려면 반드시 정관에 최대 발행 한도, 대상, 조건 등을 구체적으로 명시해두어야 한다.

### 중간배당

일반적으로 배당은 사업연도 말 결산 후에만 가능하지만, 정관에 중간배당 조항이 있으면 회계연도 중에도 한 차례 배당을 할 수 있다. 갑작스러운 자금 수요나 주주 환원 정책을 유연하게 수행하려면 해당 규정을 정관에 넣는 것이 유용하다.

### 현물배당

현물배당(현금이 아닌 자산으로 배당) 역시 정관 근거가 있어야 실시할 수 있으며, 현물출자(회사 설립이나 증자 시 현금 대신 현물로 자본금을 납입하는 것) 사항도 초기 정관에 명시해야 효력이 있다.

## 세무 리스크를 줄이는 정관 조항(세법상 '상대적 기재 사항')

정관에는 세법 측면에서도 중요한 선택적 기재 사항들이 있다. 이는 세법상 정관에 규정이 있을 때 세제상 혜택을 받을 수 있거나 불이익을 피할 수 있는 조항들이다. 만약 정관에 근거가 없으면 비용 처리나 과세 면에서 불이익이 생길 수 있으므로, 세무 리스크 관리 차원에서 반드시 챙겨야 한다.

### 임원 상여금 및 퇴직금

세법에서는 회사가 임원에게 퇴직금을 지급할 때 정관이나 정관 위임 규정에 산정 기준이 명시된 경우 그 기준에 따른 금액을 인정해준다. 반대로 아무 내부 규정 없이 임의로 많은 퇴직금을 지급하면, 세법상 '퇴직 전 1년간 급여의 10% × 근속연수'를 초과하는 금액은 회사 비용으로 인정되지 않아 법인세가 늘어난다.

예컨대 별도의 규정 없이 20년 근속한 대표에게 마지막 연봉(예 : 1억 원)의 5배에 달하는 5억 원을 퇴직금으로 지급하면, 세법상 약 2억 원(1억×10%×20)만 비용 인정되고 나머지 3억 원은 손금 불산입되어 과세 대상이 된다. 이러한 위험을 피하려면 미리 정관에 임원 퇴직금 산정 방법(예 : "임원 퇴직금은 재임 기간 1년에 대하여 최근 연봉의 1/10을 곱한 금액으로 한다" 등)을 명시해두어야 한다.

비슷하게 임원의 상여금(성과급)도 정관이나 이사회 규정으로 사전에 지급 기준을 정해두면 부당 행위로 간주될 소지가 줄어들고 비용 인정도 명확해진다. 실제로 정관 규정 없이 일회성 특별 상여를 지급했다가 부당이득으로 판단되어 반환한 사례도 있다.

상법 제388조에서도 "정관으로 액수를 정하지 않은 이사의 보수는 주주총회 결의로 정한다"고 규정하고 있어, 정관에 임원 보수 한도를 정해두지 않으면 매년 주주총회 결의를 거쳐야 하고 절차 미비 시 자칫 법적 문제가 될 수 있다.

### 유족보상금

중소기업의 경우 대표나 임원이 재직 중 사망할 경우, 회사 차원에서 유족에게 위로금이나 공로보상금을 지급하는 사례가 있다. 그런데 정관에 그 근거와 지급 기준이 없다면 이러한 지급이 회사 비용으로 인정되지 못하거나, 잔존 임직원과 유족 간 분쟁 소지가 될 수 있다.

반면 정관에 "임원 재임 중 사망 시 유족에게 퇴직금 외에 유족보상금 지급 가능" 등의 조항과 한도를 명시해두면, 혹시 모를 상황에서도 회사와 가족 모두 법적 안전장치를 확보할 수 있다. 특히 유족보상금에 대해선 사전 약정된 경우에 한해 손비 인정 등을 받을 여지가 생겨 세무 리스크 관리에도 도움이 된다.

### 자기주식 취득

특정 주주의 지분을 회사가 인수하여 소각(자기주식 취득 후 이익소각)하는 방식으로 지분 정리를 할 때가 있다. 이때 정관에 자기주식 취득 근거와 절차, 이익소각 가능 규정을 마련해두면 해당 거래를 원활히 실행할 수 있고, 주주 간 주식 양도에 따른 세금 문제도 최소화할 수 있다. 반대로 근거 없이 진행하면 배당으로 간주되어 추가 과세가 될 위험도 있다.

### 직무발명 보상금

직원이 직무와 관련된 발명을 해 특허 등으로 이어질 경우 지급하는 보상금에 대해, 정관 또는 별도의 보상 규정이 있어야만 해당 비용을 손비로 인정받고 연구인력에 대한 인센티브로 처리할 수 있다. 이러한 조항이 없으면 해당 보상이 급여나 상여로 간주되어 세금이 불필요하게 늘어날 수 있으므로 주의해야 한다.

## 정관 정비를 통한 분쟁 예방, 지배구조 개선 및 세무 리스크 감소

지금까지 살펴본 것처럼 정관은 법인 운영의 근간을 이루는 문서이자, 기업의 재무·법무 위험을 관리하는 도구이다. 정관에 필요한 내용을 제대로 담아두면 회사 운영이 투명해지고 예측 가능해진다. 주주 간 권리, 임원 보수와 퇴직금 산정, 주식 양도 절차 등 민감한 사안들이 사전에 합의된 규칙에 따라 처리되므로 분쟁 발생 확률이 낮아진다. 이는 곧 기업의 지배구조(거버넌스) 안정으로 이어져 투자자나 금융기관의 신뢰도 높일 수 있다.

또한 정관에 근거한 의사결정은 법적 정당성이 확보되어 향후 감사나 소송에서도 회사에 유리한 근거가 된다. 특히 세무 분야에서 정관 정비의 효과는 매우 크다. 임원 퇴직금, 상여금, 유족보상금 등의 규정을 정관이나 이에 준하는 내부 규정에 마련해두면, 세법상 요구되는 형식을 충족하여 불필요한 세금 추징을 피할 수 있다. 반대로 이런 규정 없이 임의로 지급한 금액은 비용 인정이 거부되거나 상여 처리되어 세 부담으로 이어질 수 있다.

또한 정관을 최신 법령에 맞게 유지하면 법 개정에 따른 변경 사항을 놓치지 않아 컴플라이언스(compliance)를 준수하게 되고, 세무조사나 노무 감독에서도 대비가 되어 안심할 수 있다.

회사의 주요 정책들을 문서화함으로써 경영진 교체나 세대 교체 시에도 일관된 원칙을 유지하게 해주는 장점도 있다. 예컨대 창업주가 퇴임하고 새로운 CEO가 오더라도, 정관에 명문화된 규정이 있다면 갑작스러운 정책 변화나 내부 혼선을 방지할 수 있다. 이는 기업의 지속가능성 측면에서도 중요하다.

## 정관을 주기적으로 업데이트하라

기업의 내부와 외부 환경은 끊임없이 변하고, 법률 역시 개정이 거듭된다. 수년 전에 만든 정관을 그대로 둔 채 사업을 운영한다면 어느새 회사 실정과 동떨어진 규정투성이가 되어 의사결정을 발목 잡거나 위험을 키울 수 있다.

정관 정비를 통한 제도 개선은 중소기업에 있어 선택이 아닌 필수다. 기업의 성장 단계마다 정관을 점검해 현재 상황에 맞지 않는 조항은 과감히 수정하거나 삭제하고, 새로운 필요사항은 추가함으로써 정관을 살아 있는 문서로 유지해야 한다. 정관이 현실을 반영하도록 꾸준히 관리하면, 회사 운영의 효율이 높아지고 각종 리스크 관리에도 빈틈이 없어진다.

법인 CEO라면 최소 1~2년에 한 번은 정관을 꺼내어 점검하고, 필요한 경우 주주총회를 통해 개정하는 노력을 기울여야 한다. 특히 정관 변경은 법적으로 까다로운 절차가 요구되므로(주주총회 특별결의) 사전에 충분한 준비와 검토가 중요하다.

정관은 기업의 미래 전략을 담는 그릇이다. 현재의 정관이 우리 회사의 비전과 리스크 관리에 부합하는지 돌아보고, 부족하다면 곧바로 보완하기 바란다. 작지만 중요한 한 걸음을 내딛는 것만으로도 향후 벌어질 수 있는 분쟁과 세무 리스크를 예방하고, 기업의 지속성장을 위한 든든한 기반을 마련하게 될 것이다.

# 차명주식·명의신탁은
# 시한폭탄이다

회사 설립이나 주식 승계 과정에 명의신탁주식을 활용한 적이 있다면, 이는 나중에 큰 세금 리스크와 법적 분쟁을 낳는 시한폭탄이 될 수 있다. 명의신탁주식이란 주주명부에 등재된 명의자(명의상 주주)와 실제 돈을 투자하고 지분을 가진 실제소유자가 다른 경우의 주식을 말한다. 흔히 말하는 '차명주식'과 같은 의미로, 겉으로는 남의 이름으로 된 내 주식인 셈이다.

과거에는 여러 이유로 주식을 타인 명의로 돌려놓는 일이 흔했지만, 지금은 국세청의 강화된 대응으로 더 이상 방치해서는 안 될 문제가 되었다.

### 돈은 내가 냈는데 명의는 왜 남의 이름으로?

과거에는 다음 세 가지 이유로 차명주식이 어느 정도 묵인되는 분위기였다.

- **법인 설립 요건** : 2001년 7월 이전에는 상법상 법인을 설립하려면 발기인이 최소 3명(1996년 9월까지는 7명)이 필요했기 때문에, 실제로는 한 사람이 자본을 전부 대고도 어쩔 수 없이 친인척이나 지인 명의로 주식을 나누어 등기하는 경우가 많았다. 즉, 발기인 수 요건을 맞추기 위한 울며 겨자먹기식 명의신탁이었던 것이다.

- **과점주주 책임 회피** : 세법상 일정 지분율(예를 들어 50% 초과)을 가진 과점주주는 회사에 세금 미납이 발생할 경우 2차 납세 의무를 지는 등의 불이익이 생긴다. 이를 피하려고 지배주주가 일부 지분을 가족이나 직원 명의로 분산시키기도 했다.

- **편법 증여 및 지분 관리** : 사업을 자녀나 측근에게 사전 증여하려 하거나 재산 노출을 꺼리는 경우, 주식을 명의신탁하는 방식으로 증여세 없이 지분을 미리 이전하려는 시도도 있었다. 또는 개인 사정으로 본인 이름을 드러내지 않고 지분을 보유하기 위한 자산 은닉 수단으로 악용된 사례도 있다.

명의신탁 자체는 불법은 아니지만, 현행 세법은 "실제소유자와 명의자가 다른 재산"에 대해 엄격한 과세 규정을 두고 있다. 특히 「상속세 및 증여세법」 제45조의2는 부동산을 제외한 재산의 실제소유자와 명의자가 다를 경우 명의자로 재산을 등기한 날에 실제소유자가 명의자에게 그 재산을 증여한 것으로 본다고 명시하고 있다.

간단히 말해, 남의 이름으로 내 주식을 등기하는 순간 증여세가 발생한 것으로 간주한다는 뜻이다. 다만 사업상 부득이한 명의신탁 등 몇 가지 예외가 법에 규정돼 있다. 하지만 조세 회피 목적이 없었음을 입증해야 하므로 일반인이 혜택받기는 매우 까다롭다.

## 억 소리 나는 추징금

명의신탁주식 구조를 계속 가져갈 경우, 세금 측면에서 막대한 리스크가 따른다. 가장 대표적인 것이 증여세 부담이다. 증여세는 최고 50%에 달하는 중과세율이 적용되는 무거운 세금이다. 명의신탁을 한 시점에 실제 소유자가 명의자에게 주식을 증여한 것으로 보기 때문에, 그 당시 주식 가치에 따라 증여세가 부과된다.

예를 들어 명의신탁한 주식 가치가 1억 원이라면 약 1천만 원, 2억 원이면 약 3천만 원의 증여세가 일찍이 책정될 수 있다. 문제는 오랜 시간이 지나 적발되면 현재 평가액을 기준으로 과세가 이루어져 그만큼 세 부담도 커진다는 점이다. 많은 중소기업이 설립 후 회사 가치가 크게 상승한다. 국세청이 이 사실을 파악하면 수년치의 지연이자와 가산세까지 얹어 추징하기 때문에 수억 원대 세금 폭탄이 현실화될 수 있다.

A기업은 20년 전 창업할 때 직원과 지인 명의로 지분을 분산시켜 놓았다. 이 회사는 명의신탁주식을 방치하고 있다가, 최근 세무조사에서 이 문제가 드러나 무려 약 4억 2천만 원의 증여세를 추징당했다. 더욱이 상장 준비 중이던 터라 투자자 대상 IR 일정까지 차

질을 빚는 등 큰 어려움을 겪었다.

또한 차명주식은 한 번 잘못 얽히면 이중, 삼중의 세금 문제를 유발할 수 있다. 예를 들어 명의신탁된 주식을 명의자가 임의로 제3자에게 처분(매도)해버릴 경우 어떻게 될까? 우선 명의자는 주식 양도소득세를 납세해야 한다. 그리고 여기서 끝나지 않는다. 명의자가 매도 대금을 실제소유자에게 송금해주면, 국세청은 이를 또 하나의 증여로 간주하여 추가 증여세를 부과할 수 있다.

'명의신탁 → 주식 매도 → 현금 환원'의 과정을 거치다 양도소득세와 증여세, 심지어 배당소득세까지 한꺼번에 물게 된 사례도 있다. 이처럼 잘못된 주식 구조 하나로 여러 세목에서 연쇄 과세가 발생하면 기업 재무에 큰 타격이 된다.

법적 위험도 무시할 수 없다. 애초에 명의신탁 관계는 투명하지 못하기 때문에, 예기치 못한 상황에서 기업 지배권과 재산권을 둘러싼 분쟁으로 폭발할 수 있다. 대표적으로 명의수탁자(명의를 빌려준 사람)가 변심하여 "이 주식은 원래 내 것"이라고 주장하는 사태를 생각해볼 수 있다. 실제소유자 입장에서는 믿고 맡겼던 주식을 빼앗길 위기에 처하는 것이다. 또한 명의수탁자가 갑자기 사망할 경우 상속인들이 '고인의 명의로 된 주식이니 상속 재산'이라고 우기면서 법적 다툼이 벌어질 수도 있다. 이 과정에서 실제 경영권이 흔들리거나, 지분을 지키기 위해 소송을 해야 하는 최악의 상황에 내몰릴 수 있다.

명의수탁자의 개인 사정도 리스크가 될 수 있다. 수탁자가 빚을 져서 채권자들이 해당 주식을 압류하거나 강제로 매각하는 경우, 실제소유자는 자신의 주식을 송두리째 잃을 위험도 있다.

요약하면, 차명주식은 예측 불가능한 순간에 기업에 치명타를 줄 수 있는 복병이다. 명의신탁주식을 오래 두면 언젠가 억 소리 나는 세금 추징과 경영 리스크로 돌아올 수 있다는 점을 기억해야 한다.

## 국세청의 레이더망을 의식하라

국세청도 이러한 차명주식의 폐해를 심각하게 보고 있어, 주식 명의신탁 행위 근절을 위한 특단의 조치를 지속적으로 도입하고 있다. 그중 가장 주목할 것은 국세청이 개발한 '차명주식 통합분석 시스템'이다. 이 시스템은 국세청의 차세대 국세행정정보 시스템(NTIS)을 기반으로 구축된 것으로, 주식 보유 현황과 취득·양도 등 모든 변동 내역을 장기간에 걸쳐 추적한다.

또한 금융정보분석원(FIU)의 자료 등 다양한 외부 기관의 금융 정보와 각종 과세 자료까지 실시간 연계하여 분석함으로써, 명의신탁 혐의가 높은 거래만을 선별해 정밀 검증할 수 있도록 설계되었다. 쉽게 말해 주식의 취득 자금 원천, 주주명부 변동, 주식 매매 흐름까지 한눈에 파악해서, '이상징후'가 보이는 케이스를 자동으로 색출해낸다.

국세청은 이 차명주식 통합분석 시스템을 2016년 하반기부터 본격 가동하여 주식 명의신탁을 통한 탈세 행위 적발에 집중해왔다.

명의신탁주식이 흔히 편법 증여, 양도소득세 탈루, 주가 조작, 소득 은닉 등 여러 불법에 악용된다는 점에 주목한 것이다. 그 결과 단속 실적도 꾸준히 늘고 있다. 국세청 발표에 따르면 2023년 한 해 명의신탁주식 적발 건수는 전년 대비 약 18.6% 증가했고, 무려 2,400억 원에 달하는 세금을 추징했다. 과세당국은 해가 갈수록 차명주식 적발 강도를 높이고 있고, 추적 기술도 고도화되고 있다. 규모 여하를 막론하고 명의신탁 혐의가 포착되면 누구나 조사 대상이 될 수 있는 시대다. '우리 정도야 괜찮겠지' 하는 안이한 생각을 버려야 한다. 국세청의 정밀한 레이더망을 항상 의식할 필요가 있다.

## 명의신탁주식 실제소유자 확인제도를 활용하자

한편 국세청은 명의신탁주식을 자진 정상화하도록 유도하기 위한 제도적 장치도 운영 중이다. '명의신탁주식 실제소유자 확인제도'가 그것이다. 세무당국의 회초리(통합 단속)와 당근(자진 해소 지원)이 동시에 존재한다고 볼 수 있겠다. 2014년 해당 제도를 도입해 과거 부득이한 사정으로 명의신탁을 한 중소기업인들에게 주어진 일종의 문제 해소 창구를 마련하였다.

명의신탁주식 실제소유자 확인 신청 제도란, 말 그대로 명의신탁된 주식의 실제 주인을 확인해주고 실명으로 돌려놓을 수 있도록 돕는 절차를 말한다. 다만 아무 명의신탁이나 다 되는 것은 아니고, 아주 제한적인 요건을 충족해야 한다.

① 해당 법인이 2001년 7월 23일 이전에 설립된 중소기업일 것(과
거 상법상 발기인 규제로 인해 명의신탁이 불가피했던 시기에 설립된 기업).
② 명의신탁 관계의 당사자들(실제소유자와 명의수탁자) 모두 법인 설
립 당시 발기인으로 참여했을 것(예를 들어 대표와 친구가 함께 발기인
으로 이름을 올리며 명의신탁을 시작한 경우 등, 초기부터 관계가 형성된 경우만
해당).

위 조건에 부합한다면, 관할 세무서에 관련 신청서와 입증 서류
(당초 명의신탁 계약서나 주고받은 금전 내역, 주식변동 명부 등)를 제출하여 심
사를 받을 수 있다. 세무서에서는 제출 서류와 국세청 내부 자료
등을 검토하고, 필요시 실명 전환 자문위원회 심의까지 거쳐 실제
소유자를 확인한다. 승인이 떨어지면 명의신탁주식을 실제 소유자
명의로 실명 전환할 수 있고, 국세행정정보 시스템에도 해당 내용
이 기록되어 추후 과세 근거로 활용된다.

이 제도를 통해 공식적으로 실제소유자임을 확인받으면, 명의신
탁 상태를 해소하는 데 큰 도움이 된다. 특히 향후 가업 승계 시 최
대주주 요건 충족이나 각종 세제 혜택 적용을 위해 필요한 지분 요
건을 갖출 수 있다는 장점도 있다. 명의수탁자의 돌발 행동(변심, 사
망 등)으로 인한 분쟁 가능성도 사전에 차단하게 되니 일석이조다.
다만 세금 문제가 완전히 사라지는 것은 아니라는 점에 유의해야

한다. '과거 불가피한 명의신탁을 구제한다'는 취지로 만들어진 절차이지만, 세법상 발생했던 세 부담까지 탕감해주는 것은 아니다.

명의신탁주식을 실명 전환하면 애초 명의신탁으로 간주되었던 증여세나 그동안 명의자에게 귀속되었던 배당소득세 문제가 재논의될 수 있고, 해당 부분에 대해 납부 의무가 생길 수 있다. 또한 심사 결과 실제소유자로 인정받지 못하면 그 주식 이전은 일반 거래로 보아 유상 거래면 양도소득세, 무상 이전이면 증여세 등이 과세될 수 있다.

따라서 요건에 부합하는지 사전에 꼼꼼히 검토하고, 서류 준비를 철저히 해야 한다. 또한 이 제도가 적용되지 않는 최근의 명의신탁분까지 모두 해결되는 것은 아니라는 점을 명심해야 한다. 그럼에도 불구하고 2001년 이전에 설립된 기업의 CEO라면 명의신탁주식 실제소유자 확인제도를 우선적으로 고려해볼 만하다. 해당된다면 세무서 재산세과 등에 문의하여 절차와 필요 서류를 안내받고, 최대한 증빙자료를 갖춰 신청하는 것이 좋다. 이는 국세청이 공식적으로 인정해주는 경로이므로 가능한 이 제도를 활용해 증여세 리스크를 최소화하는 것이 바람직하다.

## 내 회사에 맞는 전략을 세워라

2002년 이후 설립 기업이거나 요건 미충족 등의 경우에는 어떻게 명의신탁을 해소할 수 있을까? 기업 상황에 따라 선택 가능한 실질적 해결책 몇 가지를 정리해보겠다. 각 방법마다 장단과 유의점이 있으므로 내 회사에 맞는 전략을 세우는 것이 중요하다. 명의신탁 해지 프로세스를 살펴보면 다음 그림과 같다.

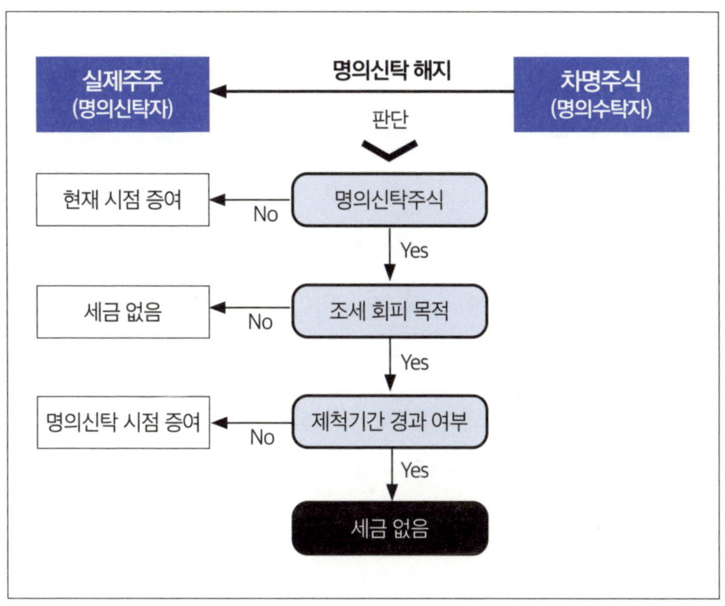


### 명의신탁 약정 해지 및 주식 명의 환원

가장 정공법은 애초에 맺었던 명의신탁 약정을 해지하고 명의자 명부에 올라 있는 주식을 실제소유자 앞으로 다시 이전하는 것이다. 즉, 내 주식을 돌려받는 것이다. 다만 이를 위해서는 해당 주식이 원래부터 내 것임을 증명하는 증거를 갖추고 있어야 한다. 당시 작성한 명의신탁 계약서나 주식 인수 대금을 실제소유자가 댔음을 보여주는 금융 거래 내역 등이 그런 증거가 되겠다.

이러한 객관적 입증 자료가 충분하다면, 세법 집행 기준상 명의신탁 재산을 실제소유자에게 환원하는 것은 증여로 보지 않기도 한다. 한마디로 돌려주는 것일 뿐 새로 증여하는 게 아니라는 논리이다. 하지만 현실적으로 이런 증빙을 완벽히 갖추기가 쉽지 않고, 명의신탁 관계를 입증하는 자체가 이미 탈루 사실을 자인하는 딜레마도 있다. 증거가 불충분한 상태에서 일방적으로 명의만 바꾸려 하면, 국세청은 이를 새로운 증여나 매매로 판단하여 오히려 현재 주식 가치에 대해 세금을 부과할 수 있다.

특히 명의신탁 기간이 오래 지속되어 주식 가치가 크게 올랐다면, 어떤 방법을 쓰더라도 높아진 주식 평가액에 따른 세금 부담을 피하기 어렵다. 명의신탁 해소를 결심했다면, 가치가 더 오르기 전에 조속히 실행하는 것이 좋다. 또한 가능하다면 주식 분할, 배당 등을 통해 주식 가치를 분산시키는 방안도 전문가와 논의해볼 수 있다. 철저한 증거 확보와 함께 사전에 세무 당국과 과세 처리 방향을 상담해보는 것이 좋다.

### 주식의 증여 또는 양도(정식 거래)

아예 명의신탁된 주식을 명의자로부터 공식적으로 넘겨받는 방법이다. 방법은 두 가지가 있다. 하나는 명의자가 실제소유자에게 해당 주식을 증여하는 것이다. 이렇게 하면 명의신탁 관계 증빙이 없어도 일단 법적으로 주식을 가져올 수는 있지만, 그 대신 현 시가 기준의 증여세를 실제소유자가 납부해야 한다. 세금 부담은 크지만 뒤탈은 없는 확실한 정리법이 되겠다.

다른 하나는 명의자와 실제소유자가 주식 매매 계약을 맺어 실제소유자가 해당 지분을 돈 주고 사오는 것이다. 이 경우 명의자는 주식 양도소득세를 내야 할 수 있다. 다만 비상장주식의 가액을 시가로 평가하는 일이 까다로워서, 너무 낮은 가격으로 거래하면 증여로 간주될 수 있고, 액면가 등 임의의 가격으로 처리하면 조세 포탈 혐의가 제기될 수도 있다. 따라서 반드시 적정한 거래 가격 산정과 그에 따른 자금 흐름 증빙이 필요하다.

명의신탁 약정이 있다는 증거가 없거나 복잡한 상황에서는 차라리 이러한 정식 증여·양도를 통해 깔끔하게 관계를 청산하고 세금을 한 번에 납부하는 편이 나을 수 있다. 물론 세금액이 크다면 기업 재무에 부담이므로, 증여세 공제 한도에 맞춰 지분을 몇 년에 나눠 증여하는 등 세부 전략을 세워 실행할 필요가 있다.

### 회사의 자사주 매입 또는 유상감자

명의신탁주식을 제3자가 아닌 회사 자체가 회수하는 방법도 있다. 자사주 매입은 회사가 명의자에게서 해당 주식을 직접 사들이는 것이고, 유상감자는 회사가 자본을 줄이는 방식으로 명의자의 주식을 소각(환급)해 주는 것이다. 이 경우 실제소유자가 직접 나서지 않고 회사 차원에서 지분을 정리하므로, 겉보기에는 명의신탁 관계를 드러내지 않고 해소할 수 있다는 장점이 있다. 그러나 절차와 회계 처리가 매우 중요하다.

우선 상법상 회사가 취득할 수 있는 자사주의 한도와 재원 요건을 충족해야 하고, 거래 대금도 적정해야 한다. 만약 회사에 잉여현금이 부족한데 무리하게 자사주를 매입하면 회사가 명의자에게 돈을 빌린 형태(가수금)가 되어 회계상 부채로 남거나, 부당한 자금 유출로 배당소득세 문제가 발생할 수 있다. 또한 유상감자로 처리할 때에도 주식 가치 평가를 적정히 해야 하며, 감자차익이 발생하면 과세될 수 있는지도 검토해야 한다.

이러한 방법은 세무와 법률 전문가의 면밀한 도움 없이는 추진하기 어려운 만큼, 활용 시 특히 주의를 요한다. 그럼에도 기업이 직접 자기주식을 거둬들이면 결국 실제소유자의 지분율을 높이는 효과가 있어 향후 지배구조를 단순화하는 데 도움이 된다. 일부 기업들은 임직원 복지기금을 활용하여 명의신탁주식을 취득한 뒤 소각하는 변칙적인 방법을 쓰기도 하지만, 이는 자칫 또 다른 세무 문제가 될 수 있어 신중을 기해야 한다.

### 그 밖의 전략적 방법

상황에 따라 위에 언급한 방법들을 복합적으로 활용하는 방안도 있다. 예를 들어 친척에게 지분을 시가에 매도한 후 추후 해당 지분을 다시 인수하는 식으로 명의신탁 관계를 우회적으로 정리하는 방법이다. 또는 회사 합병이나 분할을 통해 명의신탁 지분을 희석시키는 방법, 상속 시 유언장을 통해 사후에 실제소유자 후계자에게 지분이 넘어가도록 하는 방법 등도 생각해 볼 수 있다. 그러나 이들 모두 어디까지나 부수적인 아이디어일 뿐, 세법과 법리 측면에서 위험이 다를 수 있다. 기본적으로 명의신탁 해소에는 뾰족한 묘수는 없고 어느 정도 세금을 부담하더라도 정석대로 환원하는 것이 가장 깔끔한 해결책이다.

명의신탁 관계를 정리할 때 명의수탁자의 협조가 필수적이다. 서로 간에 명확한 문서 합의를 해두지 않으면, 나중에 오해나 분쟁이 생길 수 있다. 예컨대 명의자가 주식을 반환하는 대가로 금전을 지급받는다면 공정한 계약서를 작성하고, 추후 '숨은 프리미엄을 주고받았다'는 의심을 받지 않도록 계좌이체 등을 통해 투명하게 처리해야 한다. 또한 명의수탁자에게서 확인서나 진술서를 받아두면 나중에 과세당국에 소명하기가 수월해진다.

## 투명한 지배구조가 최고의 리스크 관리다

명의신탁 정리는 세법, 상법, 민법을 모두 아우르는 복잡한 작업이다. 자칫 잘못하면 세무조사로 번지거나 이중과세로 이어질 위험이 있으므로 반드시 세무사나 회계사, 변호사 등 전문가의 자문을 받아 진행해야 한다. 세무 전문가들은 주식 가치 평가, 절세 전략 수립, 필요한 경우 국세청 질의 등을 통해 최적의 방법을 설계해줄 것이다.

회사의 주식 구조를 투명하게 정리하는 일은 세금 리스크 관리는 물론, 향후 안정적인 가업 승계와 투자 유치에도 긍정적인 효과를 가져올 수 있다. 이제 더 이상 숨기고 피하기보다 우리 회사 상황에 맞는 명의신탁 해지 방안을 찾아 실천에 옮길 때이다. 투명한 지배구조와 성실한 세정 활동만이 지속가능한 기업 경영의 기틀임을 기억하기 바란다.

정부의 정책 기조 역시 지하경제 양성화와 투명경영을 강조하고 있는 만큼, 과거의 유산을 청산하고 정도 경영을 실천하는 것이 현명한 선택이라 하겠다. 국세청의 레이더망을 의식하면서, 실제소유자 확인제도든 증여세 정산이든 최적의 방법을 강구해 하루빨리 내 이름으로 내 주식을 찾아오는 것, 그것이 곧 세금 리스크와 법적 분쟁을 예방하는 첫걸음이다.

# 비상장주식 평가 기준을 이해하면 세금이 줄어든다

비상장주식의 가치 평가 방법과 절세 전략은 가업 승계와 상속세 대비에 있어 매우 중요한 이슈이다. 비상장주식은 상장주식처럼 시장 가격이 없기 때문에 세법에서 정한 기준으로 평가되며, 평가 금액이 곧 상속세·증여세의 과세 기반이 된다.

그런데 다행히도 CEO의 노력 여하에 따라 충분히 관리·통제할 수 있다. 비상장주식 평가 기준을 이해하고 회사의 이익과 자산을 전략적으로 조정하면 가업 승계 시 합법적으로 상속세 부담을 크게 줄일 수 있다. 「상속세 및 증여세법 시행령」 제54조 등 법적 근거를 바탕으로 비상장주식 평가 방법(순손익가치와 순자산가치)을 살펴보고, 주식 가치를 낮춰 세금을 절감하는 몇 가지 전략을 알아보겠다.

## 비상장주식 가치 평가의 법적 근거와 기준

「상속세 및 증여세법 시행령」 제54조에서는 비상장주식 평가 방법을 명확히 규정하고 있다. 주요 내용은 다음과 같다.

## 순손익가치와 순자산가치의 가중평균

비상장주식 1주의 가치는 최근 3년간 순손익가치와 순자산가치를 3:2의 비율로 가중평균한 금액으로 산정한다. 쉽게 말해 회사 재무제표상의 자산·부채와 최근 3년간 순이익 등이 모두 반영되어 주식 평가에 활용되는 것이다.

순손익가치는 보통 최근 3년간의 평균 순이익을 일정한 방식(예 : 이자율로 나눈 값 등)으로 환산하여 구하고, 순자산가치는 평가 기준일 현재의 자산총액에서 부채총액을 뺀 순자산을 발행주식 수로 나누어 1주당 가치를 계산한다.

## 자산 구성에 따른 비율 조정

일반적인 기업은 순손익 60% : 순자산 40% 비율(3:2)을 적용하지만, 부동산 등 자산을 과다 보유한 법인의 경우 순손익 40%:순자산 60%로 비율(2:3)이 역전된다. 여기서 '부동산과다보유법인'이란 소득세법에서 정한 기준에 따라 자산의 상당 부분이 부동산 등으로 이루어진 기업을 말한다. 일반적으로 자산총액 중 부동산 비중이 일정 기준(예:50%) 이상인 회사를 지칭한다. 부동산 등 자산이 많은 기업은 이익보다는 자산가치가 더 중요하다고 보고 순자산가치를 높게 반영하는 것이다.

## 80% 하한 규칙(일명 MAX 룰)

가중평균한 결과가 순자산가치의 80%에 미달하면, 순자산가치

의 80%를 최저한도로 주식 가액으로 인정한다. 예를 들어 순손익 가치가 매우 낮아 가중평균 결과가 순자산 대비 턱없이 작게 나오더라도, 평가액이 순자산가치의 80%보다 낮을 수 없도록 하여 자산가치를 일정 부분 반영하게 한다. 이는 기업이 자산은 많지만 일시적으로 이익이 적은 경우에 과도하게 낮은 평가가 되는 것을 방지하여 과세 기반을 확보하려는 취지다.

### 순자산가치 100% 적용 사례

일부 특수한 경우에는 애초에 가중평균을 하지 않고 순자산가치만으로 100% 평가한다. 예를 들어 자산의 80% 이상이 부동산이거나(부동산 과다 보유), 자산의 80% 이상이 주식 등인 경우(사실상의 투자·지주회사)에는 최근 손익을 고려하지 않고 오로지 순자산 기준으로 평가하도록 시행령에 명시되어 있다.

또한 창업 후 3년 미만의 신생법인이나 청산 진행 중인 법인 등도 순자산가치로만 평가한다. 요컨대 법에서 정한 평가 공식은 "(순이익 기반 가치와 순자산 기반 가치의 가중평균) 단, 해당 값이 순자산의 80%보다 작으면 80%로 올림"이라고 요약할 수 있다.

이상의 법적 기준을 염두에 두면, 자사의 비상장주식 가치가 어떻게 산정될지 대략 예측할 수 있다. 이제 이러한 평가 체계를 절세 측면에서 유리하게 활용하는 전략들을 살펴보도록 하겠다. 핵심은 평가 공식에 영향을 미치는 요소(순이익과 순자산)를 관리하여 의도적으로 주식 평가액을 낮추는 것이다.

## 비상장주식 가치를 낮춰 세금을 줄이는 네 가지 전략

다음은 비상장주식 평가액을 낮추는 대표적인 전략 네 가지다. 각 방법은 회사 가치 평가식의 구성요소인 순이익 또는 순자산을 낮추어 주식평가금을 줄이는 효과가 있다.

### 임원 퇴직금의 전략적 활용

오너 겸 임원인 CEO에게 퇴직금을 지급하는 것은 주식 평가액을 낮추는 가장 강력한 방법 중 하나이다. 퇴직금은 회사 입장에선 큰 비용 처리 항목이므로 해당 연도의 순이익을 크게 줄이고, 회사 유보 현금을 유출시켜 순자산도 감소시킨다. 특히 CEO가 오랜 기간 재직한 중소기업의 경우 퇴직금 규정을 미리 정비하여 합법적인 범위 내 최대치로 퇴직금을 책정한 뒤, 가업 승계 시점에 일시에 지급하면 최근 3년 평균 순이익이 크게 낮아져 주식 평가액이 급격히 떨어진다.

퇴직금 지급 자체로 법인세를 절감하고, 주식 가치 하락으로 상속세·증여세도 감소하는 일석이조의 절세 효과가 있다. 다만, 임원 퇴직금 제도는 정관 및 내부 규정에 근거가 있어야 하고, 과도한 퇴직금은 손금(비용) 산입 한도가 있음에 주의해야 한다.

### 지속적인 배당 정책

정기적으로 배당을 실시해 기업에 이익이 쌓이지 않도록 하는 것도 효과적인 전략이다. 회사가 이익을 실현하면 원칙적으로 이익잉여금으로 누적되는데, 이를 주주에게 배당하면 회사의 현금 등 자산이 외부로 유출되어 순자산가치를 낮추는 효과가 있다. 또한 지속적 배당은 기업에 미처분이익잉여금이 과도하게 쌓이는 것을 방지하여 재무구조를 적절히 유지할 수 있다. 반대로 배당을 미루고 이익을 사내에 계속 유보하면 기업의 순자산(잉여금)이 불필요하게 커져 주식 평가액을 높일 뿐 아니라, 세무상 리스크도 증가할 수 있다.

합리적인 배당 정책은 장기적 관점에서 상속·증여세 절감을 위한 필수 전략이다. 물론 배당소득에 대한 소득세(또는 배당세)가 있지만, 기업 차원의 주식 가치 상승으로 인한 상속세 부담을 줄이는 이점과 비교하여 균형 있게 검토해야 한다.

## 미처분이익잉여금 감소 및 관리

미처분이익잉여금이란 말 그대로 배당이나 상여, 자본 전입 등으로 처분되지 않고 회사에 남아 있는 누적 이익을 뜻한다. 겉보기에 이익을 많이 쌓아두면 기업이 건실해 보일지 모르나, 회계적으로 불균형을 초래하고 세무상 추가 과세 위험이 있다. 또한 평가 관점에서도 미처분이익잉여금은 순자산가치에서 법정 자본을 초과하는 부분으로서 곧바로 주식 평가액 상승 요인이 된다.

따라서 임원 상여 지급, 직원 복리 후생 비용 투자, R&D 지출 등 다양한 방법으로 누적된 이익을 적절히 소진하여 유보금을 줄이는 것이 권장된다. 예를 들어 연말에 이익이 많이 날 것으로 예상되면 임직원들에게 성과급이나 상여금을 지급해 과세소득도 줄이고 순이익 평가액도 낮추는 식이 되겠다.

## 불필요한 자산 처분 및 자산구조 개선

회사가 본업과 무관하게 보유한 고가의 부동산이나 주식 등의 비영업용 자산은 주식 평가에 악영향을 줄 수 있다. 이런 자산들은 보통 수익 창출에는 크게 기여하지 않지만 회사 순자산을 부풀려 순자산가치를 높인다. 더구나 자산 총액 중 부동산 비중이 80% 이상이면 주식 평가 시 순손익은 고려되지 않고 순자산으로만 100% 평가되는 상황도 발생한다. 이를 피하려면 불필요한 부동산이나 투자자산은 과감히 처분하고, 그 매각 대금은 배당 등으로 유출하거나 사업에 재투자하여 자산 구성을 슬림화할 필요가 있다.

이렇게 하면 부동산 과다 보유 법인 기준에서 벗어날 수 있고, 순자산가치도 낮아지므로 주식 평가액 하락에 기여하게 된다. 단, 자산 처분 시 발생하는 양도차익에 대한 세금도 고려해야 한다.

## 비상장주식 평가 절하로 세금 절감 사례

임원 퇴직금으로 비상장주식을 평가 절하해 상속세를 절감한 A사의 김 대표 사례를 살펴보겠다.

김 대표는 창업 25년 동안 회사를 크게 성장시켜 왔고, 현재 본인과 가족이 회사 지분 100%를 보유하고 있다. 문제는 회사 가치가 올라감에 따라 지분 승계 시 막대한 상속세가 예상된다는 것이었다. 실제로 현 상태에서 김 대표 지분의 주식평가액이 약 200억 원에 달했고 이에 대한 상속세 부담도 수십억 원대로 계산되었다.

김 대표와 자녀들은 가업 승계 계획을 세우며, 세 부담을 완화하고자 사전 컨설팅을 통해 주식 가치 낮추기 전략을 실행했다. 핵심은 김 대표의 퇴직 시점에 맞춰 대규모 임원퇴직금을 지급하는 것이었다. A사 정관에는 대표이사 퇴직금 규정이 마련돼 있었고, 오랜 재직 기간(25년)을 고려한 퇴직금 산정액은 약 50억 원에 달했다.

김 대표는 대표 자리에서 물러나면서 퇴직금 50억 원을 일시에 수령함으로써 해당 연도 A사의 법인 순이익은 대규모 비용 발생으로 적자 전환되었고, 회사 자산에서 현금 50억 원이 빠져나가 순자산도 큰 폭으로 감소했다.

이러한 변화로 인해 비상장주식 평가액이 크게 하락했다. 당초 최근 3년 평균 순이익을 기반으로 한 순손익가치가 높게 형성되어 있었으나, 퇴직금 지급 후 평균 순이익이 급감하면서 순손익가치가 대폭 낮아진 것이다.

순자산가치 역시 50억 원 유출로 감소했지만, 순손익 감소 폭이 더 커 평가식에 더욱 영향을 주었다. 가중평균 60:40 적용 후에도 평가액이 순자산의 80% 미만으로 내려갔으나, 법 규정에 따라 최종적으로 순자산의 80% 수준에서 주식 가액이 책정되었다.

결국 1주당 평가가격이 이전 대비 크게 떨어지면서 회사 전체 주식 가치는 약 120억 원으로 재산정되었고, 김 대표 지분에 대한 예상 상속세도 절반 이하로 감소하는 결과를 얻었다.

김 대표는 퇴직금 50억 원을 개인적으로 수령하면서 소득세를 납부했지만, 상속세로 낼 뻔했던 수십억 원을 절감했기 때문에 절세 효과는 매우 컸다. 또한 퇴직금 중 일부를 증여세 공제 한도(자녀 1인당 5천만 원씩 10년 간 등) 내에서 자녀에게 분산 증여하고, 나머지는 본인 노후 자금 및 자녀 회사 설립 지원에 활용했다. 결과적으로 김 대표는 합법적인 절세 전략을 통해 가업 승계 준비를 마무리할 수 있었다.

## 최적의 상속세 절감 방안

비상장주식 평가와 절세 전략은 가업 승계 플랜의 핵심 요소이다. 퇴직금, 배당, 이익잉여금 관리, 자산 구조 조정 등의 방법은 각각 상속세를 줄이고 기업 재무를 유연하게 조정하는 수단으로, 실제 많은 중견·중소기업에서 종합적으로 활용하고 있다. 특히 가업 승계가 예정된 기업의 CEO라면, 평소 회계 장부상의 주식 가치가 불필요하게 상승하지 않도록 미리미리 대비하는 지혜가 필요하다.

기업이 꾸준히 흑자를 내는 경우에도 앞서 언급한 전략들을 통해 이익을 적절히 배분하고 유동성을 관리하면 주식 평가액의 급등을 방지할 수 있다. 이는 나중에 상속세 신고 시 과세표준을 낮추는 효과로 이어진다.

현재 상속세법에는 가업상속공제(최대 600억 원 한도)와 같은 혜택이 있으나, 적용 요건이 까다롭기 때문에 기업 가치를 낮춰둔다면 공제 한도를 넘지 않아 가업 승계 세금 부담을 획기적으로 줄일 수 있다.

아울러 지분을 여러 상속인에게 분산하여 각각 누진세율 구간을 낮추는 전략 또는 10년 주기의 증여 공제 활용 등과 병행하면 추가적인 절세 효과를 만들어낼 수 있다. 이렇듯 '주식 평가 절하 전략 + 세법상 공제·특례 활용'의 조합이 최적의 상속세 절감 방안이라 할 수 있다.

# 가지급금, 방치하면
# 기업의 생존을 위협한다

기업 현장에서 컨설팅을 해보면 대부분의 CEO들이 '가지급금'을 가장 두통거리로 여긴다. 가지급금이란, 쉽게 말해서 회삿돈을 임직원, 주로 대주주나 대표이사가 인출해 가면서 별도의 사용처를 밝히지 않고 가져간 돈이다(참고로 법인이 대표이사에게 빌린 돈은 '가수금'이라 한다). 회계상으로는 용도나 액수를 확정하지 않은 채로 지급한 돈을 확정될 때까지 일시적으로 설정하는 계정과목이다.

예를 들어 출장비처럼 먼저 현금 지급이 이루어져 일단 가지급금으로 회계 처리한 다음, 출장 이후 지출 영수증을 가지고 오면 복리후생비, 여비교통비, 접대비 등으로 사후에 정식 회계 과목으로 분류한다. 하지만 이와 달리 세무상으로는 명칭 여하를 막론하고 특수관계에 있는 자에게 지급한 당해 법인의 업무와 관련이 없는 자금의 대여액을 말한다.

업무와 관련한 가지급금은 업무 종료 후 곧바로 해당 계정과목으로 처리되어 소멸되지만, 업무와 무관한 가지급금은 오랫동안 가지급금으로 남아 있는 게 보통이다. 주로 기업 자금을 유용하는 수단으로 이용되기 때문에 세법상 여러 규정에 의해 규제를 받는다.

## 가지급금은 왜 생길까?

가지급금이 없는 회사는 현실적으로 찾아보기 힘든 게 엄연한 현실이다. 어찌 보면 가지급금은 대한민국의 중소기업 환경에서는 경영의 필요악인 셈이다. 가지급금의 발생 원인은 크게 다섯 가지로 나눌 수 있다.

첫째, 거래 관행 및 영업 목적으로 가지급금이 발생한다. 거래 관계에서 주로 을의 입장인 중소기업이 거래 관행이나 영업 목적상 불가피하게 증빙 없이 자금을 인출하는 경우다.

둘째, 회계 처리 과정에서 증빙 없이(또는 증빙을 미제출한 상태에서) 자금이 인출되는 경우다.

셋째, 회사 설립 및 유상증자 시 일시적으로 납입한 자본금을 추후 회수하는 경우로, 법인 자본금에 대한 가장납입을 말한다.

넷째, 개인사업자가 법인 전환 후 사장님의 급여를 책정하게 되는데 일반적으로 기장 세무사가 높은 소득세율을 감안해 생각보다 적은 금액의 급여를 책정하다 보니 실제로 사용하기에 돈이 부족해 급여 이외의 법인 돈을 사용하는 경우다.

다섯째, 대주주 또는 대표이사가 배당이나 급여(또는 상여)로 회삿돈을 가져가면 개인이 부담할 종합소득세가 늘어나기 때문에 이를 회피하기 위해 법인으로부터 빌려 간 것으로 회계 처리할 때 발생한다. 대표이사의 개인적인 법인 자금 사용으로, 실제로 대표이사가 소득세 신고 없이 개인적인 사용을 목적으로 법인 자금을 인출해간 경우를 말한다.

## 가지급금은 각종 불이익의 온상

현실에서 심각한 문제가 야기되는 가지급금의 유형은, 회사가 매출처와의 거래를 트기 위한 로비성 자금 등을 법인의 재원으로 지출하고 이를 마땅히 정리할 방법이 없어 회계 처리를 미뤄 오다 결산 시에 어쩔 수 없이 대표이사에 대한 대여금 등으로 처리하는 경우이다. 이 유형은 이러한 거래 관행이 중단되지 않는 한 눈덩이처럼 불어나는 속성이 있다. 더군다나 그 부분에 상당하는 인정이자를 매년 회사로 납부하지 않으면 그 이자 상당액이 대표이사에 대한 상여로 처분되어 거액의 소득세까지 부담해야 한다.

유출된 법인 자금의 귀속자가 불분명할 경우에는 당연히 법인의 최고책임자인 대표이사가 다 가져간 것으로 간주한다. 그뿐 아니라 그에 상응하는 부분만큼 차입금에 대한 지급이자를 법인의 정당한 손금으로 인정해주지 않으며, 해당 대여금 등에 대해서는 대손충당금 설정과 대손상각을 허용하지 않는다.

가지급금은 비상장주식 가치 평가에서도 순자산액에 포함되기에 기업 가치를 과도하게 상승시켜 상속·증여세와 양도소득세 등도 증가시킨다. 그리고 기업 진단 시 부실 자산으로 간주되어 순자산액을 감소시켜 사업에 마이너스 영향을 미치고, 가업상속공제 및 증여세 과세특례와 관련해 사업 무관 자산으로 간주되어 상속세 및 증여세 부담을 증가시키는 등 여러 가지 불이익을 준다. 따라서 회사의 재무제표에 거액의 가지급금(대여금 등)이 있는 법인은 세무조사를 받을 위험이 커지며, 잘못하면 한 방에 치명타를 입을 수도 있다.

## CEO들의 착각

컨설팅을 하다 보면 간혹 가지급금에 대해 잘못된 생각을 갖고 있는 CEO들을 만나게 된다.

첫째, 갚지 않고 회사를 없애버리면 끝이다란 생각이다. 하지만 법인 청산 시 미상환 원금에 이자까지 포함해서 상여로 처리되어 소득세가 과세된다.

둘째, 다른 계정과목으로 대체해버리면 된다고 생각한다. 대부분 세무조정계산서에는 관련 내용을 살려놓고 있기 때문에 과세관청에서는 가지급금의 존재를 알고 있다. 세무 신고 과정에서 누락하는 가지급금은 추후 조사 과정에서 100% 발각되며 가지급금을 초과하는 세금 부담으로 돌아온다.

셋째, 가지급금 인정이자에 대한 법인세만 내면 되는 것 아니냐란 생각이다. 가지급금 인정이자에 대한 법인세뿐만 아니라 지급이자 손금불산입, 인정이자에 대한 소득세, 원금에 대한 소득세, 주식 가치 평가 상승에 따른 상속 및 증여세 등이 추가로 발생한다. 경험적으로 보면 소리 없이 쌓인 가지급금은 10년간 방치하면 세금 폭탄으로 돌아와 가지급금 원금의 2배가량으로 눈덩이처럼 불어나게 된다.

## 가지급금을 해결하는 세 가지 방법

대한민국 중소기업의 가장 큰 고민거리인 가지급금을 해결하기 위한 가장 기본적인 조건은 '합법적인 방법'이어야 한다는 것이다. 이러저러한 방법으로 겨우 가지급금을 해결했는데 세무서에서 문제를 삼거나, 불법적인 방법을 동원해 더 큰 문제가 발생하면 안 되겠다.

세금을 한 푼도 내지 않고 가지급금을 정리하는 건 결코 쉬운 일이 아니다. 물론 자본 거래를 통해 세금 없이 해결할 수도 있지만 대부분 세금이 발생한다. 가지급금을 정리함에 있어 너무 과도한 세금이 발생하면 부담이 커진다. 현장 경험에 비추어볼 때 정리하는 가지급금의 10~20% 정도를 세금으로 낸다면 대부분의 CEO도 수긍하고 받아들인다.

가지급금을 해결하는 가장 확실한 방법은 CEO가 법인에 가지급금을 갚는 것이다. 그렇지만 앞서 발생 사유를 살펴볼 때 언급했듯이 대부분은 사업을 하면서 관행적으로 발생한 면이 크기 때문에 CEO가 갚기에는 현실적으로 무리가 있다.

실무상으로 활용할 수 있는 해결 방안으로는, 법인의 원천소득을 활용하는 방법과 개인 재산을 활용해 정리하는 방법이 있다.

### 법인의 원천소득으로 해결하는 방법

첫째는 급여, 상여 등의 보수를 받아서 가지급금을 정리하는 것인데, 이 경우 가지급금을 가지고 있는 법인의 입장에서는 손금처리하면 되고, CEO 개인의 입장에서는 근로소득세를 과세해야 한다. CEO의 급여가 통상 1억 원 미만으로 책정되어 있는 기업이라면 소득세 부담이 상대적으로 낮아서 효과적일 수 있는 방법이다.

둘째, 퇴직금을 받아 가지급금을 변제하는 방법이다. 이 경우 역시 법인에서는 손금처리하고, 대표 개인은 퇴직소득으로 과세하며 현금의 유출과 유입 없이 회계상에서 직접 가지급금과 상계처리도 가능하다는 장점이 있다. 소득세 부담도 근로소득에 비해 상대적으로 저렴하다.

셋째, 배당금을 받아 가지급금을 변제하는 것이다. 법인 입장에서는 손금처리할 수 없다. CEO 개인 입장에서는 배당소득으로 과세하게 되고, 2천만 원 초과시에는 금융소득 종합과세한다. 2천만 원 이하의 경우에는 낮은 배당소득세를 부담할 수 있다.

마지막으로 직무발명보상금을 받아서 가지급금을 정리하는 것인데, 법인에서는 손금처리가 가능하고, CEO는 직무발명보상금의 규모에 따라 비과세 또는 사업소득이나 기타소득으로 과세해야 한다. 연간 500만 원 한도 이하일 경우에는 비과세가 가능하다.

첫째, 자기주식을 처분하여 그 대금으로 가지급금을 변제하는 것이다. 가지급금을 보유한 법인 입장에서는 자본 조정 항목으로 처리하면 되고, CEO 개인 입장에서는 주식양도소득세 또는 배당소득세를 과세하게 된다. 이 경우 양도소득세는 근로소득세와 비교하여 상대적으로 세금 부담이 낮다.

둘째, 타인에게 본인이 보유한 주식을 팔아서 그 대금으로 변제하는 것인데, 이 경우에도 주식양도소득세를 내야 한다.

셋째, CEO가 보유한 다른 법인의 주식을 당해 법인에 매각해 변제하는 방법이다. 가지급금 보유 법인 입장에서는 투자유가증권으로 자산 처리를 하고, CEO 개인은 주식양도소득세를 과세한다.

넷째, 의외로 현실에서 CEO들이 많이 사용하는 방법인데, 개인이 소유한 부동산을 자기 법인에 매각하여 변제하는 것이다. 법인은 유형자산으로 처리 후 감가상각 처리로 비용 처리를 한다(법인 취득시 취득세 발생함). CEO 개인 입장에서는 부동산 양도소득세를 과세한다. 양도차익이 높지 않을 경우에는 세금 부담이 낮을 수 있는데, 부동산을 법인에 매각하면서 간혹 상속세를 절세할 수 있는 경우도 존재한다.

다섯째, 개인이 소유한 임대용 부동산을 법인 전환 후 신설 법인의 주식을 기존 법인에 매각하여 가지급금을 변제하는 방법이다. 가지급금 보유 법인은 투자유가증권으로 자산 처리하고, CEO 개인 입장에서는 법인 전환 과정에서 세금이 발생하고, 주식양도소득세를 부담해야 한다. 이 경우 절세 포인트로는 세 감면 현물출자의 경우 세금 부담을 이월시킬 수 있고, 주식양도소득세는 세금 부담이 상대적으로 낮으며, 법인으로 부동산을 양도함으로 인해 추후 상속세 절세가 가능하다는 장점이 있을 수도 있다.

마지막으로 개인 보유 특허권을 법인에 매각해 가지급금과 상계 처리하는 방법이다. 당해 법인은 무형자산으로 처리 후에 감가상각으로 비용 처리할 수 있으며, CEO 개인은 기타 소득세를 과세한다. 이 경우 소득의 60%를 필요경비로 인정받을 수 있어 세금 부담이 상대적으로 낮다.

### 발생 원인을 찾아 정리하는 방법

다음으로 실무적으로 쉽지 않은 방법이지만 발생 원인을 찾아 가지급금을 정리하는 방법을 생각해볼 수 있다.

첫째, 증빙이 없는 비용에 따른 가지급금의 경우인데, 전기오류수정손실로 회계 처리하며 가지급금을 정리하는 것이다. 가지급금 보유 법인의 입장에서는 증빙 불비 가산세를 내야 한다. 이때 증빙은 없더라도 해당 비용의 지출 사실과 업무 관련성은 입증해야 한다.

둘째, 위 경우와 동일하게 증빙이 없는 비용에 따른 가지급금을 해결하는 경우인데, 증빙을 확보하는 방안을 모색하는 것이다. 이때 확보하고자 하는 증빙이 법정 증빙이어야 한다. 법정 증빙이란, 세금계산서, 계산서, 신용카드 매출전표, 현금영수증, 원천세 관련한 지급명세서 등을 의미한다.

셋째, 접대성 경비에 따른 가지급금을 접대비로 처리하는 것인데, 법인 입장에서는 접대비 한도 초과로 법인세를 과세해야 한다. 이 경우 해당 접대비에 대한 증빙이 가능한 경우에만 사용 가능하며, 거래 관계나 접대 내용상 증빙이 힘든 게 대부분이라 이 방법을 사용하기는 현실적으로 쉽지 않다.

위에서 설명한 세 가지 가지급금 정리 방법을 표로 정리하면 다음과 같다.

| 분류 | 정리 방법 | 고려할 사항 |
|---|---|---|
| 일시 거액의 가지급금 정리 | 퇴직금 | 법인의 정관 규정 정비 |
| | 개인보험의 법인 전환 | 보험 시가 평가 |
| | 자기주식 처분 대금 | 주식 시가 평가 및 주주총회 등을 통한 자기주식 매입 절차 |
| | 타인에게 매각한 주식 대금 | 주식 시가 평가 |
| | 개인 부동산을 법인에 매각 | 부동산 시가 평가 |
| | 대표이사가 보유한 다른 법인 주식을 당해 법인에 매각 | 주식 시가 평가 |
| | 개인 보유 특허권을 법인에 매각 | 특허권에 대한 시가 평가 |
| | 전기오류수정손실 | 법인세 수정신고 |
| 매년 일정액의 가지급금 정리 | 보수(급여, 상여 등) | 정관 및 관련된 임원 보수 규정 정비 |
| | 배당금 | 중간배당을 고려한 정관 개정 및 지속적인 주주총회 |
| 향후 발생할 가지급금 정리 | 증빙 확보 모색 | 합법적인 법정 증빙 요구 |
| | 접대성 경비에 따른 가지급금은 접대비 | 증빙 존재+상대방과의 관계 고려 |

가지급금을 합법적으로 정리하는 일은 참 쉽지 않은 일이다. 각 기업의 상황과 현실에 맞는 방법을 찾아 실행하는 것이 중요하며, 회사의 가지급금의 규모와 발생 원인에 대한 파악이 선행되어야 한다. 다음으로 일시에 거액의 가지급금 정리가 가능한 방법이 있는지 여부를 파악한 후 최적의 방법으로 실행해야 한다.

늘 강조하지만 가지급금 상환 및 소득세 부담을 고려한 장기적인 급여 정책과 배당 정책을 수립하여 실행하고, 미래에 발생할 수 있는 가지급금을 최소화할 수 있는 방안도 모색해야 한다.

# 지분율이
# 회사 운명을 바꾼다

K 스타트업 정 대표는 핵심 직원에게 소액의 지분을 줬는데, 그 직원이 주주총회 절차상의 하자를 문제 삼아 결의 취소 소송을 제기해 회사의 중요한 결정이 지연된 적이 있다. 그리고 가족회사 A에서 70% 지분을 가진 김 대표는 자신에게 절대적 권한이 있다고 믿었지만, 30% 지분을 가진 친척 주주가 정관 변경 등 특별결의 사항에서 반대해 의사결정이 번번이 무산되었다. 왜 이런 일이 발생할까? 상법상 특정 지분 비율을 넘는 주주는 법적으로 다양한 권리를 행사할 수 있기 때문이다. CEO라면 각 지분 구간마다 주주가 어떤 의결권과 법적 권한을 갖는지 정확히 알아야 한다. 지분율별 권리를 간과하면 작은 지분도 경영에 치명적인 견제 수단이 될 수 있다. 지분 비율에 따라 어떤 권리가 주어지는지 살펴보자.

## 1주 – 소액주주의 기본 권리(의결권과 소송권)

1주만 가지고 있어도 주주는 회사의 주주총회에 참석하여 의결권을 행사할 수 있다. 상법에 따라 "모든 주주는 1주당 1개의 의결권을 가진다"라고 명시되어 있다. 즉, 단 1주의 지분으로도 주주총회에서 찬반 투표를 통해 회사 의사결정에 참여할 권리가 있다. 또한 주주총회 결의에 대한 소송을 제기할 수 있는 권리가 주어진다. 예를 들어 주주총회 소집 통지를 일부러 누락하거나 의결 절차에 중대한 하자가 있다면 법원에 주주총회 결의 취소 소송을 제기할 수 있다. 한마디로, 한 주의 주주도 법적으로 무시할 수 없는 존재인 것이다.

따라서 '소액주주는 어차피 영향 없다'는 생각으로 방심해서는 안 된다. 모든 주주에게 적법한 절차로 공지하고 의사소통을 철저히 해야 뜻밖의 소송이나 분쟁을 예방할 수 있다. 작은 지분이라도 주주로서 정보 요구를 하거나 기업 의사결정에 이의를 제기할 수 있음을 항상 염두에 두어야 한다.

## 1% - 대표 소송 등 소수주주의 무기

1% 지분을 넘게 보유한 주주는 소수주주 보호를 위한 강력한 법적 무기를 손에 넣게 된다. 우선, 대표 소송 제기권이 있다. 상법상 "발행주식총수의 1% 이상을 가진 주주는 회사에 이사의 책임을 추궁하는 소를 제기하도록 청구할 수 있고, 회사가 응하지 않으면 직접 소송을 제기할 수 있다"라고 규정되어 있다. 쉽게 말해 회사를 대신하여 대표이사나 이사의 불법행위에 대해 손해배상 소송을 제

기할 권리이다. 예를 들어 경영진이 회사 자금을 유용하거나 배임을 저질렀는데 회사(이사회)가 소송을 망설인다면, 직접 나서서 회사를 위해 그 임원들을 고소할 수 있다는 뜻이다.

또한 이사의 위법행위 중지 청구권도 갖는다. 이는 경영진이 법령이나 정관을 위반하는 행위를 할 때, 법원에 그 행위를 멈춰달라고 요청할 수 있는 권리이다. 예컨대 CEO가 소수주주의 이익을 심각하게 해치는 결정을 강행하려 할 때, 법원에 "이사의 불법행위를 막아달라"고 신청할 수 있다.

1% 지분을 가진 주주가 있으면, 경영진의 부당한 행위에 대해 법적 견제가 즉각적으로 가능하다는 것을 의미한다. 이는 곧 CEO 본인이 부정행위를 저지르거나 회사에 손해를 끼쳤을 때 소송당할 수 있다는 얘기이기도 하다. 따라서 지분 구조상 1% 이상의 외부주주가 있다면, 투명한 경영과 컴플라이언스 준수가 필수이다. 그리고 1% 소액주주가 여러 명인 경우 이들이 연대하면 더 강한 영향력을 행사할 수 있으므로, 주주 관계 관리에 신경 써야 한다. 반대로 CEO로서 지분 1%도 없는 임원이라면, 이러한 법적 권리 측면에서 방어 수단이 없음을 인지하고 행동해야 한다.

## 3% - 감사 선임 및 불법행위 감시 권한

3% 지분은 소수주주 권리의 또 다른 분기점으로, 이 수준부터는 회사 경영에 직접 개입하거나 감시할 수 있는 장치들이 대폭 늘어

난다. 우선 회계장부 열람·등사 청구권이 대표적이다. 즉, 재무제표 등의 자료를 들여다보고 복사하며 회사의 재무 상태를 직접 확인할 수 있는 권리이다. 이는 경영진이 재무를 불투명하게 운영하거나 분식 회계를 할 경우 소수 주주가 이를 감시하도록 보장하는 장치이다.

또한 임시 주주총회 소집 청구권도 주어진다. 3% 이상 지분을 가진 주주는 이사회에 임시주총 개최를 요구할 수 있으며, 회사가 응하지 않을 경우 법원의 허가를 받아 직접 주총을 열 수도 있다. 예를 들어 '현 경영진을 해임해야겠다'거나 '특정 안건을 주주 전체가 논의해야 한다'고 판단하면 임시주총을 소집해 이슈를 공론화할 수 있게 된다.

이 밖에도 회사 업무 및 재산 상태에 대한 검사인 선임 청구권, 주주제안권, 이사·감사 해임을 법원에 청구하는 권리 등 다각적인 권한을 갖는다. 특히 감사 선임과 관련해서는, 회사에 감사가 있을 경우 특정 주주가 가진 지분이 3%를 초과하는 부분에 대해 의결권을 행사하지 못한다는 제한이 있다. 이는 대주주가 감사 선임을 독식하지 못하도록 하는 장치로, 소수주주(3% 보유자 포함)에게 감사 선임 영향력을 주기 위한 규정이다.

결과적으로 3% 지분만 확보해도 회사의 회계 투명성과 경영 감시에 상당한 영향을 끼칠 수 있게 된다. 3% 이상의 지분을 가진 소수주주가 있을 경우, 회사 경영은 상시적인 감시 상태에 놓인다고 볼 수 있다. CEO로서는 3% 주주들의 존재를 내부 감사팀처럼 여기는 게 좋다. 또한 중요한 안건에 대해 이들의 협조를 구하는 노력이 필요하다. 협력 관계가 깨지면 이들은 법적인 권리를 활용해 경영진을 압박할 수 있으므로, 투자자 관리와 의사소통이 경영 안정의 열쇠임을 명심해야 한다.

## 25% - 보통결의 단독 거부권(핵심 안건 견제)

25% 지분은 흔히 경영권 방어를 위한 마지노선으로 불린다. 왜냐하면 상법상 주주총회 보통결의(일반적인 의사결정)는 "출석한 주주의 의결권의 과반수이면서, 전체 발행주식의 25% 이상이 찬성" 조건을 충족해야 통과가 된다. 이 뜻은 어떤 결의에 대해 전체 주식의 25% 이상이 찬성표를 던지지 못하면 안건이 부결된다는 의미이다. 따라서 지분을 25% 이상 가진 주주는 보통결의 사항에 대해 사실상의 거부권을 가진다고 볼 수 있다.

예를 들어 A주주(25%)와 B주주(75%) 둘이 있는 회사에서 A주주가 적극 반대하면, 어떤 안건이든 최소 발행주식 25%의 찬성을 채우기 어렵게 만들어 B주주의 뜻대로 안건이 쉽게 가결되지 않도록 막을 수 있다. 비록 25% 주주 혼자서 모든 경우에 무조건 결의를 봉쇄할 수 있는 것은 아니지만, "한 사람의 반대로도 의사결정이 좌절될 수 있다"는 심리적 억제력을 주기에 충분하다.

특히 보통결의 사항에는 이사 선임, 배당 결정, 재무제표 승인 등 회사 운영에 핵심적인 안건들이 포함되어 있다. 25% 지분을 쥐고 있는 주주는 본인이 찬성하지 않는 한 이러한 안건들이 단독으로 통과되지 못하도록 만드는 유력한 지위를 확보하는 것이다. 많은 투자 계약에서 전략적 투자자가 25% 안팎의 지분을 확보하려는 것도 바로 이러한 '캐스팅 보트' 역할을 노리기 때문이다.

회사에 지분 25% 이상의 단일 주주(또는 연합 주주)가 있다면, 그들을 배제한 의사결정은 현실적으로 어렵다고 봐야 한다. 설령 CEO가 과반 지분을 가지고 있어도 25% 주주의 반대가 결합되면 주요 안건 추진에 제동이 걸릴 수 있다. 따라서 이들과 사전 협의를 통해 합의를 구하거나, 최소한 큰 반대 없이 협조를 얻는 전략이 필요하다.

반대로 CEO 본인이 25% 지분만 가지고 있을 경우, 1대1 동업 상황에서 상대방의 경영 시도를 견제할 강력한 수단을 가진 셈이 된다. 요약하면 25% 지분은 '유효 소수지분'으로서, CEO는 이 지분을 경시하지 말고 우호 지분으로 만들 것인지, 아니면 대비책을 세울 것인지 고민해야 한다.

## 33.4% - 특별결의 단독 거부권(절대적 견제력)

33.4% 지분(1/3 이상)은 회사의 특별결의 사항에 대한 단독 거부권을 의미한다. 주주총회 특별결의는 보통 회사의 운명을 좌우할 만큼 중요한 안건에 적용되며, 법적으로는 "출석 주주의 2/3 이상 및 전체 주식의 1/3 이상 찬성"이 필요하다. 따라서 지분 33.4%를 확

보한 주주는 특별결의 요건인 전체 지분의 1/3 이상 조건을 스스로 충족하므로, 본인이 반대하면 어떤 경우에도 특별결의를 통과시킬 수 없게 만드는 결정적 힘을 지닌다. 쉽게 말해, 회사 중대 사항에 대해 절대 반대권(veto)을 행사할 수 있다는 뜻이다.

특별결의 사항에는 정관 변경, 주식 추가 발행(유상증자), 주요 자산 양수도나 합병, 이사 및 감사 해임 등 회사에 중대한 변화를 가져오는 결정들이 포함된다. 예를 들어 40% 지분을 가진 공동창업자 B가 60% 지분을 가진 A대표의 정관 변경 시도를 번번이 무산시킨다면, 이는 B가 1/3 이상의 지분으로 특별결의를 거부하고 있기 때문이다. 33.4%만 넘겨도 이러한 거부권이 생기므로, 경영진이나 투자자가 상대방으로부터 경영 간섭을 막기 위해 최소 33.4% 지분을 확보하거나 우호지분으로 묶어두려는 전략을 취한다.

지분 33.4%는 경영권 방어의 마지노선이자, 반대로 소수주주의 최강 견제수단이다. 만약 CEO 본인이나 우호주주 측이 33.4% 이상 지분을 확보하고 있다면, 적대적인 주주가 나타나더라도 정관 변경이나 합병 등 전략적 결정을 일방적으로 뒤집히지 않도록 방어막을 친 셈이다. 그러나 회사 내에 CEO와 견해를 달리하는 주주 그룹이 33.4% 이상을 가지고 있다면, 어떤 중대한 결정도 그들의 동의 없이는 불가능하다. 이는 곧 경영에 심각한 교착 상태를 초래할 수 있으므로 지분 구조를 재편하거나 지분 동맹을 통해 33.4% 선을 무너뜨리는 노력이 필요하다. 요컨대 33.4% 지분은 CEO에게는 반드시 확보해야 할 최소선이자, 경쟁자 측에 넘어가면 안 되는 최후의 보루임을 뜻한다.

## 50% + 1주 – 보통결의 단독 통과권(경영권 확보)

50% + 1주 지분, 즉 과반수 초과 지분은 흔히 '경영권 확보의 기준'으로 불린다. 주주총회 보통결의는 과반수 찬성으로 이루어지기 때문에, 총발행주식의 절반을 넘는 지분을 가진 주주는 사실상 모든 일반 안건을 자신의 뜻대로 통과시킬 수 있다. 설령 다른 모든 주주가 반대하더라도 본인이 가진 표만으로 과반수를 차지하기 때문에 이사 선임/해임(보통결의 사항인 이사 선임이나 보수 결정 등), 배당 결정, 일반 경영사항 승인 등에서 절대적인 결정권을 갖는다.

예를 들어 외부 투자 없이 창업주가 지분 100%를 보유하던 회사를 부분 매각하여 본인 지분이 60%가 되었다고 해도 여전히 과반이므로, 주주총회에서 어떤 안건이든 60% 찬성표로 가결시킬 수 있다. 반대로 지분이 50%를 밑도는 49%라면, 나머지 51% 주주들이 결집하여 CEO의 반대에도 불구하고 안건을 통과시키거나 새로운 결정을 할 수가 있게 된다.

이 때문에 M&A 거래나 투자 유치 시에는 50%+1주 지분이 중요한 기준이 된다. 실제로 기업 인수합병에서는 상대 회사를 장악하기 위해 통상 50%+1주의 지분을 확보하는 것을 1차 목표로 삼는다. 그만큼 이 한 주의 차이가 경영권 안정성을 확보하는 열쇠라는 뜻이 된다.

만약 CEO가 50%＋1주의 지분을 보유하고 있다면, 적어도 일반 경영 사항에 대해서는 타인의 동의 없이 단독으로 결정할 수 있으므로 경영권이 상당히 안정적이다. 이 지분을 넘기는 순간부터는 언제든 다른 주주의 연합에 의해 의사결정이 뒤집힐 위험이 생긴다. 특히 지분이 50% 언저리인 경우 일부 지분 변동(예컨대 지분 희석이나 주식 매각)으로 다수결 지위를 상실할 수 있으므로 각별한 주의가 필요하다. 또한 과반 지분을 확보한 CEO라도 법률상 소수주주 권리(앞서 본 1%, 3% 권리 등)는 여전히 남아 있음을 유념해야 한다.

## 66.7% – 특별결의 단독 통과권(절대적 경영권)

66.7% 지분(2/3 이상)은 '슈퍼 과반'으로 불리며, 회사의 특별결의 사항까지 단독으로 처리할 수 있다. 특별결의 요건이 전체 주식의 2/3 찬성인 만큼 이를 넘는 주식을 소유하면 더 이상 다른 주주의 동의가 필요 없다. 정관 변경, 합병·분할, 회사 해산, 주식 소각/이전 등 어떤 중대 사안이든 원하는 대로 의결할 수 있다. 사실상 절대적 경영권이 확보되는 지분율이다. 현실에서 창업주나 오너 일가가 이 정도의 지분을 보유한 경우는 많지 않지만, 일단 달성되면 회사 운영에 있어 외풍을 완전히 차단할 수 있게 된다.

예를 들어 A회사의 오너 일가는 지분 70%를 갖고 있어 정관 변경이나 대규모 증자 같은 안건도 이들의 뜻대로 이루어진다. 반면 B회사의 최대주주는 지분 60%를 갖고 있는데, 이는 2/3에는 미치지 못해 주요 안건 시 60% vs 40%로 투표해도 특별결의 조건을 충족하지 못하므로, 남은 6.7% 지분을 가진 소수주주들의 동의가 필요하다. 결국 B회사는 그 소수주주들과 조건 협상을 해야만 안건을 통과시킬 수 있다. 이렇듯 66.7% 지분은 회사 의사결정의 완전한 주도권을 쥐는 임계점이다.

지분 66.7%를 확보한 CEO는 법적으로 견제받을 상대가 없는 절대 권한을 행사할 수 있다. 다만 이 정도 지분은 흔히 가족기업이나 일부 오너 경영 기업을 제외하고 달성하기 어려우므로, 현실적으로는 우호지분과 합산해서 이 비율을 만들기도 한다. 반대로 최대주주 지분이 이 수준에 못미치는 회사의 CEO라면, 특별결의가 필요한 사안에서는 반드시 다른 주주의 협력이 필요함을 명심해야 한다. 66.7% 미만의 경영자는 주요 안건 통과를 위해 사전에 지분 동향을 살피고 주주 설득 작업을 해야 한다. 요약하면 66.7%는 경영 독립과 견제 사이의 분기점이며, CEO는 자신의 지분율이 이 기준을 넘는지 여부에 따라 경영 전략을 달리 세워야 한다.

## 100% - 1인 회사의 전권(그리고 책임)

지분 100%, 말 그대로 한 사람이 회사 지분 전부를 가진 경우 그 회사를 흔히 '1인 회사'라고 부른다. 이 상황에서는 회사의 모든 의사결정 권한이 100% 주주에게 집중된다. 주주총회도 형식적으로는 열겠지만, 결과는 이미 정해진 것이나 다름없다. 이사는 물론

감사 선임, 정관 변경, 배당 결정 등 어떤 안건이든 혼자서 결정할 수 있다. 동업이나 외부 투자자가 없기 때문에, 주주 간 갈등이나 의결권 다툼도 존재하지 않는다. 이러한 1인 회사는 스타트업 초기 단계나 소규모 법인에서 종종 볼 수 있는데, 의사결정이 매우 신속하고 단순하다는 장점이 있다. 그러나 전권을 갖는 만큼 책임도 100% 본인에게 돌아온다는 점을 유의해야 한다.

1인 회사의 CEO(겸 주주)는 외부 간섭 없이 사업을 펼칠 수 있다는 점에서 매력적이지만, '지분이 곧 책임'임을 항상 인식해야 한다. 자칫 회삿돈과 개인 돈을 구분하지 않고 사용하거나, 내부 통제를 소홀히 하면 법적인 문제(횡령, 배임 등)로 직결될 수 있다. 또한 추후 외부 투자를 유치하거나 지분을 분할해야 할 때, 100% 지분 체계에 익숙했던 의사결정 방식을 유연하게 바꾸는 노력도 필요하다. 결국 1인 회사의 CEO는 전권을 효율적으로 활용하되, 투명성과 책임 경영을 놓치지 않는 균형 감각이 중요하다.

## 지분이 곧 권력이다

경영 현장에서 '지분이 곧 권력'이라는 말은 단순한 격언이 아니라 법적으로도 실재한다. 위에서 살펴본 것처럼 작은 지분도 모이면 강한 견제가 되고, 충분한 지분이 없으면 CEO라도 뜻한 바를 이루기 어렵게 된다. 따라서 지분 구조는 사업 초기부터 철저한 전략 아래 설계해야 한다. 전문경영인이나 창업 CEO라면 투자 계약 시 지분율 변동에 따른 의사결정 권한 변화를 면밀히 검토하고, 필요한 경우 주주 간 계약을 통해 의결권에 관한 별도 합의를 두어 분쟁을 예방해야 한다.

또한 법적·세무적 전략 수립도 중요하다. 지분을 나누어 가질 때 발생할 수 있는 의결권 분쟁이나 경영권 분산을 방지하는 한편, 주식 양도·증여 시의 세금 문제와 상속 계획까지 내다봐야 한다. 예컨대 기업 승계를 염두에 두고 있다면 미리 지분을 조정해 특별결의 요건을 충족하는 안전선을 확보하거나, 반대로 불필요한 세금 없이 지분을 이전할 방법을 고민해야 한다.

지분율에 따른 권리를 제대로 이해하고 대비하는 것은, 곧 안정적인 경영권 확보와 기업 성장으로 이어질 것이다. CEO로서 이 부분을 간과하지 않는다면, 어떤 투자 유치나 경영 환경 변화 속에서도 흔들리지 않는 탄탄한 리더십을 발휘할 수 있을 것이다.

# 신용등급 한 단계 올렸더니
# 금리가 내려갔다

신용등급은 보이지 않는 숫자에 불과한 것 같지만, 한 단계 차이가 기업의 금리부터 시작해 거래 기회까지 좌우할 만큼 중요한 역할을 한다. 다행히도 신용등급은 관리하기 나름이다. 재무제표를 투명하고 건전하게 유지하고, 신용 위험 요인을 선제적으로 관리한다면 기업 신용등급을 충분히 개선할 수 있다. 신용등급이 올라가면 금융 비용 절감, 자금 조달 원활, 새로운 사업 기회 확보 등 여러 혜택이 뒤따르므로 결국 기업 가치 상승으로 이어진다.

## 기업 신용등급이 사업에 미치는 영향력

중소 제조업체 S사의 박 대표는 몇 해 전 자금난을 겪으며 정부의 정책자금 대출을 신청했다. 그러나 기업 신용등급이 낮아서 대출이 거절되었다. 그제야 박 대표는 기업에도 신용등급이란 게 있고 기업 신용등급 관리가 사업에 정말 중요하다는 사실을 알게 되었다.

기업 신용등급은 은행 등 금융기관 대출 조건(한도 및 금리)에 직접적인 영향을 미친다. 신용등급이 낮은 기업은 대출이 거절되거나 높은 금리를 적용받고, 반대로 신용등급이 높으면 금융기관에서 우대금리를 적용받아 보다 저렴한 비용과 좋은 조건으로 자금을 조달할 수 있다. 이는 곧 이자비용 절감을 통해 재무구조를 개선하고, 추가 투자를 위한 현금흐름에 여유를 가져다준다.

기업 신용등급은 정책자금 활용과 각종 정부 지원 사업 선정에도 핵심 지표로 작용한다. S사의 박 대표는 신용등급 상승 후 설비투자 지원금 대상에 선정되어 이전에는 꿈꾸지도 못했던 최첨단 기계 설비 도입에 성공하였다. 기업 신용등급이 높을수록 국가 정책자금 신청 시 심사에서 유리한 평가를 받는다.

나아가 거래처 입장에서도 안정적인 거래를 선호하기 때문에 B2B 거래를 하는 제조·유통기업에겐 기업 신용등급이 곧 거래 신뢰도의 지표가 된다.

유통업을 경영하는 K사의 이 대표는 대형 유통사와의 납품 계약 입찰에서 번번이 고배를 마셨는데, 원인을 알아보니 기업 신용등급 때문이었다. 공공기관 입찰이나 대기업 협력업체 등록을 위해서는 일정 수준 이상의 신용등급이 요구되는 경우가 많다. 실제로 공공 입찰에서는 기업 신용평가 등급이 최고 30점 만점의 배점 항목으로 반영될 정도로 중요하다. 신용등급이 높을수록 유리한 입찰 조건과 가산점을 받아 경쟁에서 앞서나갈 수 있다.

이 대표는 평소 등한시했던 기업 신용등급을 개선한 이후, 주요 공공 입찰에서 연이어 낙찰에 성공하며 회사 매출을 크게 늘릴 수 있었다.

## 기업 신용등급 평가 기준은 무엇일까?

S사의 박 대표가 신용등급을 올리기 위해 먼저 살펴본 것은 현재 우리 회사 신용평가에서 무엇이 부족한가였다. 기업 신용평가는 재무적 요소와 비재무적 요소를 종합적으로 판단해 결정되는데, 보통 재무지표가 60~70%, 비재무 지표가 30~40%의 비중을 차지한다.

여기서 재무적 평가는 기업의 재무제표를 기반으로 수익성, 안정성, 성장성, 활동성, 현금흐름 등의 지표를 분석한다. 구체적으로는 자기자본비율, 차입금 의존도와 같은 안정성 지표, 매출액 대비 영업이익률 등의 수익성 지표, 총자본회전율 같은 활동성 지표, 그리고 영업현금흐름 대비 부채비율과 같은 현금흐름 지표 등이 주요 평가대상이 된다. 이러한 재무지표들은 기업의 채무 상환 능력과 수익 창출력을 나타내므로 신용평가의 핵심 기반이 된다.

반면 비재무적 평가는 숫자로 드러나지 않는 기업의 신용 위험 요인들을 살펴보는 것이다. 예를 들어 기업이 속한 산업의 성장 전망과 시장에서의 지위, 보유한 기술력과 판로(영업망), 거래처의 다양성, 그리고 과거 부도나 연체 이력 등 거래 신뢰도가 중요하게 고려된다. 또한 기업 규모나 업력, 주요 경영진의 역량과 안정성,

노사관계 및 내부 통제 시스템도 평가에 포함된다. 심지어 제출한 재무제표의 신뢰성(분식회계 여부나 감사 의견 등)까지 반영된다. 이러한 정성적 평가는 신용평가사 담당자의 전문적 판단을 통해 이루어진다.

종합하면, 재무제표상의 객관적 지표와 기업의 질적 경쟁력 요소를 모두 고려해 기업 신용등급이 결정된다. 최근에는 ESG(환경·사회·지배구조)와 같은 비재무적 요소의 중요성도 높아져, 지속가능 경영을 잘 실천하는 기업이 기업 신용평가에서 좋은 평가를 받는 추세다. 결국 재무 건전성과 비재무 건실함을 겸비한 기업이 높은 신용등급을 유지할 수 있다.

## S사와 K사는 어떻게 신용등급을 올렸을까?

기업 신용등급을 개선하려면 재무제표 건전성부터 챙겨야 한다. S사의 박 대표는 지난 3년치 재무제표를 면밀히 점검하였다. 먼저 눈에 띈 것은 과도한 부채비율과 누적된 가지급금이었다.

S사는 과거 급한 자금 운용으로 대표이사 개인 카드 대금과 경비를 가지급금으로 처리해왔는데, 누적된 가지급금은 매출 대비 규모가 너무 커서 기업 신용평가에 큰 불이익을 준다. 세금 체납이나 대출이자 연체도 치명적인 감점 요인인데, 다행히 세금과 이자는 연체 없이 납부하고 있었다. 박 대표는 우선 재무제표의 발목을 잡는 가지급금 정리 작업에 착수하였다.

가지급금을 정리한 덕분에 매년 부담하던 4.6%의 인정 이자비용과 향후 발생할 막대한 법인세·소득세 추가 부담을 피할 수 있게 되었다. 이는 곧 불필요한 비용 절감과 함께 재무제표상의 부채 항목 감소로 이어져 신용등급 개선에 긍정적 영향을 주었다.

또한 재무제표상의 부채 구조 개선을 위해 단기 차입금을 장기 저리 대출로 일부 대환하고, 유휴자산 매각 대금으로 고금리 부채를 상환하였다. 부채 비율을 낮추고 이자보상 배율을 높이는 조치는 재무안정성 지표를 크게 개선시켰다.

동시에 수익성 지표를 높이기 위해 불필요한 비용을 절감하고 생산성을 높이는 노력을 기울였다. 제조업 특성상 재고자산 관리도 중요 포인트이다. 재고 회전율이 낮아지면 자금이 묶이고 손실 위험이 커지므로 재고 관리 시스템을 도입하여 재고 일수를 단축하였다.

K사의 이 대표 또한 재고회전율과 매출채권 회전율을 경영지표로 설정하여 관리하고 있다. 매출채권(외상매출금)이 늘어나 장기화되면 현금흐름이 악화되고 장기 연체채권은 결국 대손상각으로 이어져 재무제표에 큰 타격을 준다. 이를 방지하기 위해 거래처별 외상 거래 한도를 설정하고, 신용도가 떨어지는 거래처와는 현금거래로 전환하거나 팩토링을 활용해 현금흐름을 확보했다. 이러한 매출채권 관리 강화는 기업의 유동성 지표를 개선하여 기업 신용평가에서 좋은 점수를 받을 수 있게 되었다.

경영지표 측면에서는 매출성장률과 영업이익률 등 핵심 KPI를 설정하고 정기적으로 모니터링 활동을 하였다. 이 대표는 분기마다 회사의 성장성 지표(매출성장률)와 수익성 지표(영업이익률)를 임원들과 리뷰하여 목표 대비 부진한 경우 원인을 분석하고 바로 대책을 세웠다. 이는 신용평가사에 제출하는 사업계획서에도 긍정적으로 작용하여 향후 매출 증가 전망을 인정받는 데 도움이 되었다. 또한 재무제표의 투명성을 높이기 위해 외부 회계법인에 의해 정기 감사를 받으며, 중요 회계 정책 변경이나 오류 수정이 없도록 철저한 내부 통제를 실행하였다. 분식회계나 감사 의견 거절 등은 신용평가에 치명적이므로 중소기업일수록 투명한 회계가 필요하다.

마지막으로, 이 대표는 기술력 강화와 인증 획득에도 힘쓰고 있다. 신제품 개발로 특허를 출원하고, ISO 품질경영 인증을 취득한 점은 신용평가의 사업성·기술력 항목에서 가점을 얻은 비결이다. 이처럼 재무제표상의 수치 개선과 함께 기업의 기술 역량, 품질 관리 노력까지 어필한다면 신용등급 개선에 시너지 효과를 낼 수 있다.

## 신용등급을 올려주는 실천 전략

박 대표와 이 대표의 사례를 통해 알게 된 기업 신용등급 관리 포인트를 정리해보면서 CEO의 관점에서 실천할 수 있는 전략적 방법을 제시해보겠다.

### 정기적인 신용등급 점검과 계획 수립

매년 또는 반기별로 기업 신용평가 리포트를 확인해 현재 기업 신용등급과 취약 요소를 점검해야 한다. 신용등급은 떨어지기는 쉬워도 올라가기는 어렵다. 최근 3년간의 재무 실적 추이를 중점 반영하므로 단기 대응과 장기 계획을 함께 세워 꾸준히 관리해야 한다. 기업 신용등급 개선이 필요한 경우 중장기 재무 개선 목표(예 : 부채비율 ○%p 감소, 영업이익 △억 원 달성 등)를 수립하고 이를 달성하기 위한 연간 계획을 수립해야 한다.

### 전문가와 시스템 활용

기업 신용등급 관리는 전문 지식이 요구되는 분야이므로 외부 전문가의 자문이나 컨설팅을 받는 것도 고려해볼 만하다. 특히 재무구조 개선이나 세무 이슈 정리는 전문가 도움으로 효과적으로 해결할 수 있다.

또한 기업 정보 조회 시스템을 도입하여 주요 거래처의 신용정보를 모니터링하는 것도 현대적 신용 위험 관리의 필수 요소라 하겠다. 거래처의 부도나 연체 징후를 조기에 파악하여 대비하면 우리 기업의 연쇄적인 피해를 예방하고 재무안정성을 지킬 수 있다.

### 재무 건전성 유지

CEO 자신이 CFO 마인드를 가지고 재무 건전성을 최우선 경영 원칙으로 삼아야 한다. 기업 신용등급이 우리 회사의 모든 것이라고 해도 과언이 아니다. 이익이 발생하면 무리한 배당이나 사적 인출을 자제하고 가능하면 이익잉여금으로 남겨 자본을 확충하는 게 좋다. 자기자본비율이 높아지면 기업 안정성이 올라가 기업 신용등급에도 긍정적이다. 반대로 일시적 자금 부족으로 고금리 대출이나 카드론 등에 의존하면 재무비용 부담이 커져 악순환이 되므로, 은행권 저금리 대출과 정책자금을 최대한 활용하고 불필요한 차입 억제에 힘써야 한다.

또한 모든 세금과 이자, 외상 대금은 기한 내 납부를 철칙으로 하여, 연체 기록이 남지 않도록 관리해야 한다. 작은 연체라도 누적되면 거래 신뢰도 평가에서 감점 요인이 된다.


### 비재무적 신용 개선

CEO의 평판과 기업의 이미지도 신용이다. 윤리경영과 투명경영을 실천하고 대외적으로 신뢰도를 높일 수 있는 활동을 해야 한다. 예를 들어 벤처기업 인증, 메인비즈, 이노비즈 등과 같은 산업 인증 취득은 기업의 혁신성과 경영 능력을 대외적으로 증명해주는 좋은 수단이다. ESG 경영을 도입하여 환경 및 사회적 책임을 다하는 모습은 평가기관과 금융기관에 장기적 안정성을 부각할 수 있다. 노사관계가 원만하고 직원 복지를 신경 쓰는 가족친화기업은 경영 안정성 면에서 높은 점수를 받을 수 있고 많은 혜택이 주어진다.

CEO 본인도 금융 신용 관리를 철저히 해야 한다. 우리나라는 중소기업과 대표자를 동일시하는 경향이 있기에 대표자 개인의 신용이 좋지 않으면 기업 신용등급에도 치명적인 영향을 미친다. 특히 연대보증 채무, 개인 연체 등에 주의해야 한다.

### 성장 스토리로 신뢰 구축

신용평가사나 금융기관과 만날 때 우리 기업만의 성장 스토리와 개선 노력을 강조하는 것도 CEO의 역할이다. 과거 어려움을 어떻게 극복했고 현재 어떤 재무적, 비재무적 개선을 이뤄냈는지, 향후 어떤 성장 전략이 있는지 설득력 있게 이야기하는 게 도움이 된다. 예를 들어 "지난 3년간 부채비율을 ○% 줄이고, 영업이익률을 ○%p 높였으며, 이를 토대로 신제품 개발에 투자하고 있다"라는 식의 스토리는 신용평가 담당자나 은행 심사역에게 깊은 인상을 줄 수 있다.

결국 평가란 사람이 하는 일이다. 숫자 이면에 있는 경영 노력과 비전을 잘 전달하는 관계 관리 노력이 기업 신용등급 개선에 아주 중요한 일이라 하겠다.

# 세무조사도
# 사전 대비 요령이 있다

중소기업을 운영하는 CEO들이 사업 현장에서 가장 두려워하는 것 중 하나가 바로 세무조사이다. 아무리 회계를 투명하게 했다고 생각해도 "털어서 먼지 안 나오는 회사 없다"라는 말처럼 세무조사를 받게 되면 왠지 모르게 불안해지기 마련이다. 실제로 CEO들은 각종 사업자 모임에서 세무조사 이야기를 주고받으며, 서로의 경험담과 대응 방법을 공유하곤 한다.

세무조사란 국세청 소속 공무원이 기업의 장부, 서류, 기타 관련 증빙자료 등을 조사하여 세법에 따라 세금 신고가 정확하게 이루어졌는지 검증하는 절차를 말한다. 한 마디로 납세자가 신고·납부한 세금이 제대로 계산된 것인지 확인하는 과정이다. 국가 재정 확보와 공정 과세를 위해 필요한 제도이지만, 기업 입장에서는 경영 활동 전반을 들여다보는 과정이라 상당한 부담을 느낄 수밖에 없다.

하지만 어떤 기업이 세무조사를 받는지, 절차는 어떻게 되는지, 사전 대비 요령이 무엇인지 등 세무조사 전반에 대한 정보를 충분히 숙지하고 대비한다면 세무조사는 더 이상 막연히 두려운 일이 아닐 것이다. 알고 대비하면 잘 극복할 수 있다.

## 세무조사의 종류

세무조사는 실시 목적이나 방식에 따라 여러 유형으로 나뉜다. 일반적으로 국세청에서 정기적으로 실시하는 통상적인 조사와 탈세 혐의 등에 따라 수시로 실시하는 특별조사가 있다. 주요 세무조사의 종류를 살펴보면 다음과 같다.

### 일반조사

가장 통상적이고 일반적인 세무조사로, 기업의 부가가치세, 소득세, 법인세 등의 신고 내역 전반을 점검한다. 특별한 탈세 혐의가 없어도 정기적으로 이루어지는 조사이며, 과세표준의 정확한 결정이나 경정을 목적으로 한다.

### 심층조사

탈세 수법이 교묘하거나 규모가 큰 경우 등 일반조사로는 적발이 어려운 사례에 대하여 별도 계획을 세워 심층적으로 진행하는 조사를 말한다. 말 그대로 철저한 정밀조사로, 특정 탈세 혐의 정보를 바탕으로 이루어진다.

### 추적조사

거래 단계마다 세금계산서나 거래 내역을 추적하여 사실 관계를 확인하는 조사이다. 무자료 거래, 위장·가공 거래 등의 혐의자가 대상이며, 재화나 용역의 흐름을 앞뒤 단계까지 쫓아가 숨겨진 소득이나 탈루를 밝히는 데 중점을 둔다.

### 확인조사

납세자 관리 또는 과세자료 관리상 필요한 특정 사실을 확인하기 위한 조사로, 규모보다는 특정 의혹 사항의 사실관계 확인에 초점을 둔다. 필요시 현지 확인 형태로 짧게 진행되기도 한다.

### 긴급조사

조세 채권 확보를 위해 긴급히 실시하는 조사를 말한다. 예를 들어 기업이 부도 위기이거나 법정관리 신청 등으로 조세 징수가 어려워질 상황에서는 사전 통지 없이 즉시 조사에 착수하여 세금을 확보하는 특별조사이다.

### 서면조사

사업장 방문 없이 서류 검토만으로 진행하는 비교적 간단한 조사이다. 납세자가 제출한 각종 신고 서류를 책상 위에서 검증하며, 필요시 추가 자료를 요구해 신고 내용의 적정성을 판단한다.

## 세무조사의 절차

세무조사는 통상 다음과 같은 절차를 거쳐 진행된다.

### 조사 대상자 선정

국세청은 신고 성실도, 업종, 규모, 탈루 혐의 정보 등 객관적인 기준에 따라 조사 대상을 선정한다. 특별한 혐의가 없는 일반적인 경우에는 무작위 추출 방식 등으로 정기조사 대상자를 고르고, 무신고나 가공 거래 등 탈루 의혹이 있는 경우에는 수시로 조사 대상이 될 수 있다.

### 조사 계획 수립

선정된 대상에 대하여 효율적인 조사를 위한 계획을 수립한다. 필요에 따라 법인세와 부가가치세를 한 번에 살피는 통합조사나 여러 관련 업체를 동시에 살펴보는 동시조사 방식을 취할 수 있다. 조사 일정, 기간, 인원 등이 이 단계에서 결정된다.

### 사전 통지 및 조사 착수

국세청은 세무조사 시작을 앞두고 납세자에게 조사 통지서를 발송한다. 일반적으로 조사 개시 10~15일 전까지 등기우편으로 통지서를 받게 된다. 통지서에는 조사 대상 세목, 대상 기간, 조사 사유 등이 기재된다. 조사 당일 세무공무원이 사업장을 방문하여 신분을 밝히고 조사 목적과 범위를 설명한 뒤 본격적인 조사에 착수한다.

### 조사 진행 및 관리

세무공무원들은 사전에 분석된 자료와 현장 확인을 바탕으로 본격적인 조사를 진행한다. 필요한 경우 자료 제출을 요구할 수 있으며, 납세자는 이에 협조해야 한다. 조사 과정에서 중복된 자료 요구를 피하기 위해 자료 목록을 관리하며 진행하고, 필요한 경우 관련 거래처에 대한 조사나 현장 확인도 병행된다. 세법상 납세자가 원할 경우 세무 대리인(세무사, 회계사, 변호사 등)에게 위임하여 조사 현장에 입회시키거나 의견을 제출하도록 할 수 있다.

### 조사 종결 및 결과 통지

조사가 끝나면 세무공무원은 확인된 과세 사실을 바탕으로 세금 산출 내역을 확정한다. 조사 종료 후 20일 이내에 결과를 납세자에게 통지하며, 추징 세액이나 시정 사항 등이 안내된다. 만약 납세자가 결과에 이의가 있을 경우 통지서를 받은 날부터 30일 이내에 과세전적부심사를 청구하여 이의를 제기할 수 있다. 이후 세금 부과가 이루어지면 이의신청, 심판청구, 행정소송 등 조세 불복 절차를 진행할 수도 있다.

## 세무조사 대상자 선정 기준

어떤 기업이 세무조사 대상으로 선정될 확률이 높을까? 국세청은 한정된 조사 인력을 효율적으로 활용하기 위해 정기 선정과 수시 선정 두 가지 방법으로 조사 대상을 선정한다.

### 정기 선정 대상

특별한 탈루 혐의가 없더라도 주기적으로 순환하여 조사를 받는 경우이다. 보통 일정 기간(보통 4~5년) 이상 세무조사를 받지 않은 기업은 정기조사 대상으로 선정될 수 있다. 또한 국세청의 전산 시스템(TIS 등)으로 신고성실도가 낮은 것으로 평가되거나, 동일 업종·규모 평균치에 비해 세무 위험도가 높다고 분석된 경우에도 정기조사 대상이 된다. 한편 매출 규모가 매우 작아 성실신고확인 대상이 되는 소규모 사업자 등은 무작위 추출 등에서 제외되기도 한다.

### 수시 선정 대상

명백한 탈세 의혹이나 오류가 포착된 경우 수시로 조사 대상에 오른다. 예를 들어 무신고 또는 무자료 거래가 확인된 경우, 위장·가공거래 등 실제와 다른 허위 거래 혐의가 있는 경우, 구체적인 탈세 제보가 접수된 경우, 신고 내용에 명백한 탈루나 오류 정황이 발견된 경우 등이 해당된다. 납세협력의무 불이행이 드러난 경우 국세청은 시기를 묻지 않고 바로 특별세무조사에 착수할 수 있다.

이 밖에도 국세청은 매년 업종별, 규모별로 위험도 분석을 실시하여 고소득 자영업자, 현금 거래 비중이 높은 사업자, 호화 사치 생활자 등 세무 위험이 큰 계층을 선별하여 조사하는 등 다각도로 조사 대상을 관리하고 있다. 중소기업이라고 해서 절대 안심할 수만은 없으므로 성실신고를 통해 위험 요인을 애초에 줄여두는 것이 최선의 방책이라 하겠다.

## 실지조사 시 주요 확인사항

세무공무원이 실제로 사업장에 나와 실지조사를 할 때는 회계 장부부터 재고 창고, 통장 거래 내역까지 폭넓은 범위를 살펴본다. 평소에 회계 관리와 증빙 정리를 철저히 해두었다면 큰 문제가 없겠지만, 허술한 관리로 인해 잘못 신고된 부분이 있다면 이 단계에서 드러나게 된다. 주로 다음과 같은 항목들을 중점 확인한다.

### 장부 및 증빙 관리 상태

회사에서 비치하고 있는 총계정원장, 각종 보조장부, 재고 수불부, 생산일지, 거래명세서 등 사업 관련 모든 장부와 증빙서류를 빠짐없이 검토한다. 장부가 제대로 작성되어 있는지, 필수 장부가 누락되지는 않았는지 확인하고, 장부상의 재고 수량과 실제 창고 재고가 일치하는지도 대조한다. 만약 공식 장부 외에 별도의 이중장부가 있는 정황은 없는지 살피며, 세금계산서, 영수증, 계약서 등과 같은 증빙서류가 순서대로 철되어 있고 번호나 일자가 조작된 흔적이 없는지도 점검한다.

### 변칙 회계 처리 여부

기업의 회계 처리 중 특이사항을 확인한다. 임직원 명단과 조직도를 보며 대표자와 특수관계자들이 회사 자금을 사적으로 사용하거나 비용 처리했는지, 대표이사의 가지급금·가수금 등 미결산 계정이 비정상적으로 크거나 빈번한지 등을 살펴본다. 또한 월별·분기별 가결산 자료와 공식 재무제표를 대조하여, 분식회계나 임의 조정을 통해 재무 상태를 변칙적으로 꾸민 부분이 없는지 확인한다. 매출·매입 대금 결제 방식(현금 vs 계좌이체 등)이나 비정상적으로 높은 비용 지출 항목도 조사 대상이 된다.

### 자산 실태 확인

재무제표에 계상된 각종 자산이 실제로 존재하고 적정하게 평가되었는지 확인한다. 특히 현금 및 예금, 유가증권 등의 내역을 확인해 회사 자금이 오랜 기간 대표자 개인 계좌 등으로 빠져나가 있지는 않은지 검증한다.

주요 제품이나 상품의 재고자산도 중요한 확인 항목이다. 전년도 이월 재고, 당해 연도 구매와 판매량을 대조하여 과도한 재고 누락이나 허위 계상 여부를 살핀다. 원재료의 재고 및 사용량, 제품 생산량과 판매량 사이에 불일치가 없는지 확인해 가공 매입이나 매출 누락 여부를 적발한다. 그 외에 미착품, 건설 중인 자산 등 특이 자산 계정도 발생 사유와 거래 적정성을 검토한다.

### 각종 비용 처리 적정성

영업 관련 경비들이 적정하게 처리되었는지도 살핀다. 예컨대 실제 근무하지 않는 가족 등을 인건비로 처리하여 비용을 부풀렸는지, 특수관계자에게 과도한 외주비나 용역비를 지급하지 않았는지 등을 확인한다. 접대비, 차량유지비, 교육훈련비 등 여러 경비 계정에 대해 증빙서류를 확인하며, 사업 목적과 무관한 사적 비용을 비용 처리한 부분은 없는지 검토한다.

## 세무조사 사전 대비 요령

평소 투명한 회계 관리와 성실한 세금 신고로 대비 태세를 갖추고, 혹시 조사 통지를 받더라도 놀라지 말고 다음 가이드대로 침착히 준비하면 된다. 세무조사 대비 요령은 다음과 같다.

### 증빙서류 철저 관리

평소 거래 발생 시 모든 세금계산서, 계산서, 영수증 등을 빠짐없이 수취하여 잘 보관하고 장부에 정확히 기장해두는 것이 기본이다. 증빙이 누락된 채로 장부만 작성되어 있다면 세무조사 시 설명에 어려움을 겪을 수 있다.

### 사전 자체 점검

세무조사 통지를 받았다면 조사 시작 전에 자체적으로 장부와 증빙을 다시 한 번 점검하기 바란다. 혹시 오류나 누락이 있었는지, 중요한 서류가 빠져 있지는 않은지 확인하여 보완해야 한다. 불필요한 개인 메모나 조사와 무관한 문서는 분리하여 혼동을 줄이고, 관련 자료는 보기 쉽게 정리해두면 조사관 입장에서 좋게 볼 수도 있다.

### 조사 연기 신청 검토

예를 들어 대표자의 건강 문제나 사업장 재해 등으로 도저히 그 시점에 조사를 받을 상황이 안 된다면 조사 연기를 신청할 수도 있다. 정당한 사유가 인정되면 국세청에 요청하여 조사 일정을 조정할 수 있으니, 필요하다면 세무 대리인과 상의하여 절차를 밟도록 한다.

### 자료 요구 시 신속 대응

조사 과정에서 세무공무원이 추가 자료 제출이나 소명 요구를 하는 경우, 가능한 한 객관적인 자료를 신속히 준비하여 서면으로 제출하는 것이 좋다. 구두 설명보다 문서로 깔끔하게 정리해 제출하는 편이 설득력이 높고, 조사관에게도 성실히 협조한다는 인상을 줄 수 있다.

### 결과 확인서 신중 검토

조사 종결 시에는 세무공무원이 확인서(조사 결과 통지서)에 서명을 요청하는데, 이때 내용이 사실과 다르거나 이해되지 않는 부분이 없는지 꼼꼼히 검토 후 날인해야 한다. 조사관과 의견 차이가 있는 사안에 대해 즉각 언성을 높이기보다는, 일단 결과 통지를 받은 후 회사의 입장을 정리해 과세전적부심사 등 조세 불복 절차를 활용하는 편이 현명하다. 필요하다면 세무사나 회계사 등의 전문가 조언을 받아 대응하는 것을 고려해야 한다.

### 사전 세무 진단

세무 전문가의 컨설팅을 받아 미리 세무 진단을 해보면 잠재적인 위험 요소를 발견하고 개선하고, 조사에 대한 불안감을 크게 덜 수 있다. 그리고 올바른 정보와 철저한 준비를 통해, 설령 세무조사를 받게 되더라도 큰 어려움 없이 회사의 정당함을 입증할 수 있다.

# 준비 없는 승계는
# 재앙이다


'가업 승계는 회사를 자녀에게 물려주는 일'이라고만 단순하게 생각하면 큰 오산이다. 사실상 가업 승계는 기업의 생존 전략이자 사장님의 은퇴 설계다.

현장에서 가업 승계 컨설팅을 오랫동안 해오면서 부정적인 사례를 많이 경험했다. 아버지가 30년간 운영해온 회사를 자녀가 물려받았지만 직원의 절반이 퇴사하고 거래처도 줄어든 경우, 수십억 원에 이르는 상속세나 증여세를 감당하지 못해 회사 자산이나 주식을 팔거나 폐업을 한 경우도 심심치 않게 보았다. 결국 가업 승계 문제는 세금 문제와 리더십의 승계를 함께 준비해야 잘 해결할 수 있다.


## 상속세 0원 만들기


가업 승계와 관련된 제도로는 가업상속공제와 가업 승계 증여세 과세특례가 있다. 이 제도들은 가업의 요건, 증여자와 수증자의 요

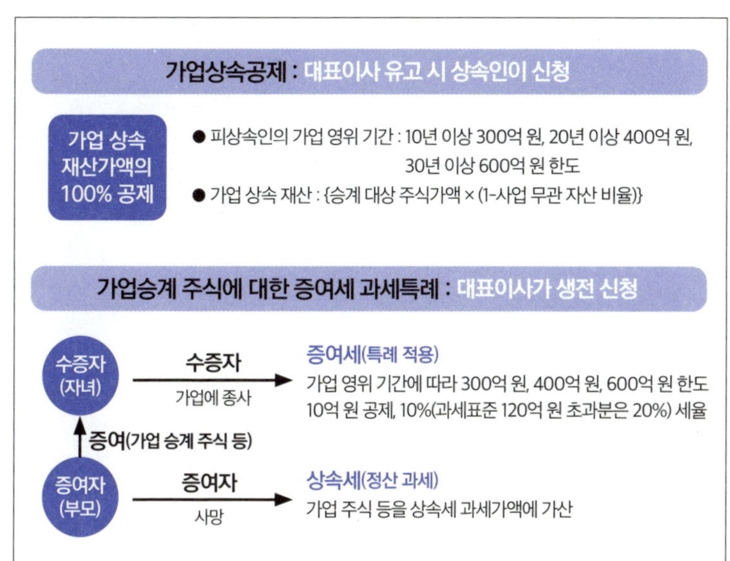



건이 맞아 떨어져야 적용할 수 있고, 실행했을 경우는 사후 관리 요건을 지켜야 세금을 추징당하거나 불이익을 당하지 않는다.

가업상속공제는 CEO가 사망한 후 자녀가 회사를 물려받는 경우다. 이때 회사 자산을 최대 600억 원까지 세금 없이 물려받을 수 있다. 사업 무관 자산이 전혀 없다면 실제로 상속세가 0원이 되기도 한다. 다만, 사장님이 회사를 10년 이상 실제 운영을 했어야 하고, 자녀는 상속 전 2년 이상 회사에서 일을 해야 한다. 그리고 상속 후 자녀가 대표이사로 취임하여 5년간 계속 가업을 운영해야 한다. 상속이란 언제 일어날지 알 수 없는 일이기에 자녀가 일찌감치 회사에 들어와 경험을 쌓고 후계자 수업을 받는 게 필요하다.

가업 승계 증여세 과세특례는 부모(기업 오너)가 생전에 자녀에게 가업(사업체)을 물려줄 때 증여세 부담을 완화해주는 제도이다. 일정 요건을 충족하면 최대 600억 원까지의 가업 주식에 대해 10억 원 공제를 받고, 과세표준 120억 원까지는 10%(초과분은 20%)의 낮은 세율로 증여세를 납부할 수 있다. 일반 증여세가 최고 50%인 걸 감안하면 큰 혜택이라 할 수 있다.

## 증여세 과세특례 제대로 받기

CEO가 사망한 뒤 현실적으로 어떤 일이 벌어질지 알 수 없으므로 많은 기업들이 증여세 과세특례를 이용해 가업 승계 작업을 한다. 이 같은 가업 승계 증여세 과세특례를 활용하면 가업의 세대교체 비용을 크게 줄일 수 있지만, 요건 위반 시 감면 세액 추징 등 불이익이 크므로 주의가 필요하다.

각 요건은 세법(상속세 및 증여세법)과 조세특례제한법 시행령 등에 구체적으로 명시되어 있으며, 기획재정부와 국세청 자료를 통해 최신 개정 사항까지 반영된 내용을 확인할 수 있다. 요건을 충족하는지 면밀히 검토한 후 증여세 특례를 신청해야 하며, 혜택을 받은 후에도 5년간 관련 요건을 준수하여 가업을 안정적으로 운영하는 것이 중요하다.

### 가업 요건(기업 대상 조건)

- **업종** : 상속세 및 증여세법 시행령 별표에 지정된 가업상속공

제 허용 업종을 주된 사업으로 영위하는 기업이어야 한다. 이는 제조업, 일부 도소매업 등 지속기업 육성 취지에 맞는 업종만 해당하며, 금융·보험업이나 부동산업 등은 제외된다.

- **업력** : 해당 기업은 계속성 있는 가업이어야 한다. 구체적으로, 증여자가 최소 10년 이상 계속 경영해온 기업만 특례 대상이 될 수 있다. 다시 말해, 설립 후 10년 미만의 신생 기업은 제외된다.

- **규모** : 기업 규모는 중소기업 또는 일정 규모 이하의 중견기업이어야 한다. 중소기업의 경우 중소기업기본법상 매출액 및 독립성 기준을 충족하고 자산총액 5,000억 원 미만이어야 한다. 중견기업도 일부 허용되는데, 이 경우 최근 3개년 평균 매출액이 5,000억 원 미만 등 중견기업 성장촉진법상 요건을 모두 갖추어야 한다. 기업이 지나치게 크면 특례 대상 가업에서 제외된다.

- **지분 구조** : 가업은 가족이 오랫동안 지배해 온 기업이어야 한다. 증여자(부모)를 포함한 최대주주 및 특수관계인이 해당 법인 지분의 40% 이상(상장사는 20% 이상)을 보유하고 있어야 하며, 그 지분을 10년 이상 지속적으로 유지해온 기업이어야 한다. 가족 경영 기업에 대한 승계만 특례 대상으로 인정한다는 취지이다.

### 증여자 요건(부모인 증여자 조건)

- **연령 및 관계** : 증여자는 증여일 현재 만 60세 이상이어야 하며,

수증자인 자녀와 부모·자녀 관계여야 한다. 즉 부모가 60세 이상으로 은퇴를 준비하는 연령대여야 특례 적용이 가능하다.

- **가업 경영 기간** : 증여자는 해당 가업을 10년 이상 계속하여 직접 경영해온 자여야 한다. 오랫동안 가업을 운영·관리함으로써 사업의 지속성과 노하우를 축적한 경우에만 세제 혜택을 준다는 요건이다.

- **대표이사 재직** : 2024년 세법 개정으로 증여자의 대표이사 재직 요건이 추가되었다. 증여자는 가업 영위 기간의 50% 이상을 대표이사로 재직했거나, 증여일 직전 10년 중 5년 이상 대표이사로 역임한 경력이 있어야 한다. 다시 말해, 일정 기간 이상은 실제로 기업을 총괄 지휘한 이력이 있어야 특례를 받을 수 있다(참고로 증여자에 대해서는 별도의 지분율 요건이 없지만, 앞서 언급한 대로 가족 지분 40% 요건을 충족하는 기업이어야 하므로 증여자 역시 상당 지분을 보유한 최대주주인 경우가 대부분이다).

### 수증자 요건(자녀인 수증자 조건)

- **연령 및 거주자 요건** : 수증자는 증여일 현재 만 18세 이상이어야 하며 대한민국 거주자인 직계비속(자녀)만 가능하다. 손자녀는 안 되며, 증여 당시 미성년자이거나 외국 거주자인 자녀도 대상에서 제외된다.

- **가업 종사 기간** : 수증자(자녀)는 증여를 받은 후 증여세 신고기한(증여일이 속하는 달의 말일로부터 3개월 이내)까지 해당 가업에 종사해

야 한다. 즉, 증여 직후 바로 가업에 참여하여 일을 배우고 경영에 관여하고 있어야 한다(만약 증여 시점에 이미 가업에서 종사 중이었다면 해당 요건을 충족한 것으로 간주된다).

- **경영권 승계 시기** : 수증자는 증여일로부터 3년 이내에 가업의 대표이사로 취임해야 한다. 3년 안에 공식적으로 경영권을 승계받아 대표이사가 되지 않으면 특례 요건을 충족할 수 없다. 가업 승계의 안정성을 높이기 위해 수증자가 빠른 시일 내 경영권을 이어받도록 하는 조건이다. 수증자가 결혼한 경우 며느리나 사위 등 배우자가 가업에 종사하여 함께 경영을 승계하는 것도 가능하나, 어디까지나 특례 적용을 받는 수증자는 해당 자녀 본인이고 대표이사 요건도 자녀 본인에게 부과된다.

### 사후 관리 요건(증여 후 유지 조건)

위 요건들을 갖추어 특례를 적용받았다 하더라도, 증여 후 가업의 지속 경영에 대한 사후 관리 요건을 준수해야 한다. 이를 어길 경우 감면받은 증여세를 추징당할 수 있다.

- **사후 관리 기간** : 증여일 다음날부터 5년간을 사후 관리 기간으로 둔다(과거 7년이던 사후 관리 기간이 현재 5년으로 단축되었다).
- **가업 지속 및 업종 유지** : 수증자(자녀)는 특례를 받은 이후 5년 동안 가업을 계속 영위해야 한다. 구체적으로, 1년 이상 계속하여 가업을 휴업하거나 폐업하면 안 되고, 가업의 주된 업종을 함부로 변경해서는 안 된다. 다만 세법 시행령 개정으로 현재

는 업종 변경 허용 범위가 완화되어, 한국표준산업분류상 동일한 대분류 내에서의 업종 변경은 허용된다(중분류를 벗어나는 업종 변경은 사전에 평가심의위원회의 심의를 거쳐야 한다). 즉, 주력 사업의 큰 틀은 5년간 유지해야 한다.

- **경영권 유지** : 수증자는 증여 후 바로 가업에 종사해야 하고, 증여일부터 3년 이내 대표이사에 취임한 뒤 최소 사후 관리기간 동안 계속 대표이사 지위를 유지해야 한다. 이는 앞서 수증자 요건의 연장선으로, 특례 적용 후에도 실질적으로 자녀가 5년간 가업을 이끌어야 함을 의미한다. 중간에 다른 사람에게 경영권을 넘기거나 하면 특례가 취소된다.

- **지분 유지** : 증여로 받은 가업 주식 지분을 5년 동안 감소시켜서는 안 된다. 수증자가 해당 지분을 처분하거나, 증여자가 다시 지분을 가져가거나, 제3자에게 추가로 지분을 넘겨줘 수증자의 지분율이 낮아지는 경우 모두 특례가 취소된다. 따라서 수증자는 받은 지분을 온전히 유지하면서 경영권을 행사해야 한다.

- **고용 유지** : 가업상속공제와는 달리, 가업 승계 증여세 특례의 사후 관리 요건에는 별도의 고용 인원 유지 조건이 없다. 즉 고용 인원이나 급여 총액을 일정 수준 유지해야 한다는 규정은 없으나, 원활한 경영을 위해 가급적 안정적인 고용을 이어가는 것이 바람직하다(가업상속공제의 경우 정규직 고용인원을 5년간 90% 이상 유지 등의 요건이 있으나, 증여세 특례에는 이러한 고용 요건이 적용되지 않는다.)

## 리더십을 승계하라

자녀가 회사를 세금 부담을 최소화해서 물려받는다고 해도 경영 능력과 조직의 신뢰가 없으면 중소기업의 경영은 쉽지 않다. 후계자는 그야말로 '찐경영자'가 되어야 한다. 직원들에게도 신뢰를 줄 수 있어야 문제없이 후계자를 따라 열심히 일할 수 있다.

그러므로 현장에서 회사를 물려받기 전에 현장 경험을 충분히 해야 하고, 겉만 대표가 될 게 아니라 현장에서도 대외적으로도 거래처의 담당자와 신뢰 관계를 쌓는 노력을 해야 한다. 그야말로 실제로 매출, 인사, 생산, 재무 전반에 대한 이해가 필요하다. 처음에는 대리나 과장으로 시작해서 현장 경험을 쌓으며 이사, 부사장, 대표이사 순으로 점진적으로 권한을 넘겨받는 게 좋다.

그리고 또 하나 중요한 것은 CEO는 후계자와 중장기 기업의 경영 계획 및 가치관, 기업 운영 철학 등을 공유하는 시간을 함께 보내는 것이 중요하다. 단순히 세금만 걱정할 것이 아니라, 재벌 그룹이 2세에게 어릴 때부터 경영 수업을 시키듯이 중소기업도 똑같은 과정을 잘 거쳐야 순조롭게 성공할 수 있다.

가업 승계는 5년 이상의 장기 전략이 필요한 일이다. 후계자 경영 수업도 그렇고 세금에 대한 준비도 마찬가지다. 미리 계획을 세워 잘 준비하는 기업은 100년 기업으로 계속 성장할 수 있고, 그러지 못한다면 몇 년을 버티지 못하고 망하게 될게 뻔한 일이다. 다시 한 번 말하지만 가업 승계는 사장님의 마지막 경영 전략이다.

# 회사를 키우는 자금 조달 솔루션

# 대출이 필요한 신호가 있다?

중소기업을 경영하면서 가장 고민되는 부분 중 하나가 바로 자금 조달이다. 많은 중소기업 CEO들은 어떻게 하면 필요한 자금을 확보하고 효율적으로 운용할 수 있을지 고민한다. 동시에 자금 조달에 대한 막연한 두려움을 가지고 있다.

자금 조달의 가장 손쉬운 방법은 대출이다. 그런데 기업이 처한 상황과 단계에 따라 대출 필요성의 정도가 다르다는 사실을 염두에 두어야 한다. 그동안 자금 컨설팅을 해오면서 이러한 특징을 파악해 적절한 대출을 권했다. 반면 불필요한 부채는 경계하도록 도왔다. 일례로 서비스업을 하는 B스타트업의 경우 잦은 대출로 이자 부담이 커지고 있었는데, 컨설팅을 해보니 문제의 근본 원인은 매출 채권 회수 지연이었다. 이후 외상 거래 조건을 개선하고, 일부는 팩토링(매출 채권 담보대출)으로 전환하여 신규 대출 없이도 현금 흐름을 개선할 수 있었다. 이처럼 우리 회사에 대출이 필요한지부터 살펴보는 게 우선이다.

## 대출이 필요한 회사의 특징

### 성장 단계 기업

일정한 패턴이나 특징을 가진 기업들이 특히 외부 자금을 필요로 하는 경우가 많다. 성장 단계에 있는 기업이 대표적이다. 급격히 매출이 성장하는 기업은 설비 투자, 인력 채용, 재고 확보 등에 운전 자금이 많이 들어간다. 이런 기업은 일시적으로 자기자본만으로 감당하기 어려운 자금 수요가 발생하며, 이를 충족하기 위해 은행 대출이나 투자 유치 등을 고려하게 된다. 예를 들어 신규 공장을 건설해야 할 정도로 수주 물량이 늘어난 제조업체는 초기 투자비용을 외부에서 조달하지 않으면 기회를 놓칠 수 있다.

### 현금흐름이 불규칙한 기업

다음으로, 현금흐름이 불규칙한 기업도 대출 의존도가 높다. 계절적 요인이 큰 업종(예 : 건설, 농업)이나 프로젝트 단위로 대금을 받는 업종(예 : SI업체, 콘텐츠 제작사) 등은 매출이 들어오는 시점과 비용 지출 시점의 차이가 커서 일시적 자금 공백이 생기기 쉽다. 예를 들어 계절상품을 파는 C사는 성수기에 제품을 생산하여 도매상에 공급하고, 실제 판매 대금은 몇 달 뒤에 받는다. 이 기간 동안 원자재 대금과 인건비를 지급하기 위해 매년 선금 대출을 이용해왔는데, 이는 사업 구조상 불가피한 선택이다.

이런 기업들은 매출 대금이 입금될 때까지 운영비를 충당하기 위해 단기 대출이나 마이너스통장(한도 대출) 등을 활용하곤 한다.

### 재무 구조가 취약한 기업

재무 구조가 취약한 기업은 긴급 자금 상황에서 대출이 사실상 유일한 돌파구가 되기도 한다. 예컨대 적자가 누적되거나 자본 잠식 위기에 처한 기업은 신규 투자 유치도 어렵고 내부 유보금도 부족해 결국 담보를 제공하고 대출을 받아 급한 불부터 끄는 경향이 있다. 이런 상황에서는 금융기관도 대출을 꺼리기 때문에 높은 이자나 보증이 필요한 조건으로 어렵게 자금을 조달하게 된다.

## 대출이 필요한지 판단하는 네 가지 기준

CEO나 재무 담당자가 우리 회사가 과연 대출이 필요한 상황인지를 스스로 판단하는 것은 중요하다. 무작정 남들이 대출을 받으니 우리도 받아야겠다고 생각하기보다는 몇 가지 재무지표와 경영계획을 점검해서 판단해야 한다. 일반적으로 다음과 같은 질문들을 던져볼 수 있다.

### 현재 현금흐름은 안정적인가?

월별 현금흐름표를 통해 현금 잔고가 큰 폭의 마이너스를 보이는 달이 있는지 살펴본다. 만약 영업현금흐름으로 고정비를 감당하지 못하는 달이 있다면, 운전자금 대출이 필요할 수 있다.

### 부채비율은 적정한가?

부채비율(총부채/자기자본)이 과도하게 높으면 추가 차입은 위험 신호일 수 있다. 그러나 부채비율이 지나치게 낮다면, 성장 기회를 놓치고 보수적으로 운영하고 있는 건 아닌지 검토해볼 필요가 있다. 산업 평균과 비교하여 우리 회사의 부채비율이 낮은 편인데 성장 자금이 부족하다면, 건전한 범위 내에서 대출을 활용하는 것도 고려 대상이다.

### 향후 투자 계획이 있는가?

가까운 미래에 설비 투자, 지사 설립, 신제품 개발 등 목돈이 드는 계획이 있다면 미리 대출 한도를 확보해놓는 전략이 필요하다. 투자 기회는 왔는데 자금이 준비되지 않으면 경쟁에서 뒤처질 수 있다. 이러한 경우 선제적으로 금융기관과 라인을 터두거나 정책 자금을 알아보는 것이 좋다.

### 비용 구조 개선으로 해결 가능하지 않은가?

일시적인 자금난이 단순히 경영 비효율이나 비용 과다 때문은 아닌지 점검해야 한다. 만약 불필요한 비용을 줄이거나 재고 회전을 높여서 해결할 수 있는 문제라면 대출보다는 내부 개선이 우선이다. 그러나 이미 효율화를 했음에도 불구하고 자금 부족이 지속된다면, 그때는 외부 자금을 고려하는 게 맞다.

## 대출을 고려해야 하는 신호들

기업 경영을 하다 보면 '지금 대출을 받아야 하나?' 고민하게 만드는 신호들이 있다. 이러한 신호들이 나타난다면, 선제적으로 대출을 포함한 자금 대책을 검토해야 한다. 많은 기업들이 신호를 방치하다가 자금 위기가 현실화된 후에야 부랴부랴 높은 이자의 대출을 구하거나, 그마저도 못 구해 어려움을 겪는 사례가 많다. 미리 플랜B를 마련해두는 경영자만이 안정적인 재무 운영을 할 수 있다는 점을 명심해야 한다

### 납품 대금 지급 연기

평소 어음 거래 없이 현금 결제를 해오던 거래처가 갑자기 대금 지급을 늦추겠다고 요청하는 경우, 우리 회사의 현금흐름에 타격이 생길 수 있다. 이럴 때는 미리 은행에 단기 운전자금 대출 상담을 하는 것이 안전하다.

### 급여 및 세금 납부 곤란

직원 급여나 4대 보험료, 부가세·법인세 등 세금을 제때 납부하기 어렵다면 자금 경색의 적신호이다. 인건비와 세금은 반드시 집행해야 하는 고정지출이므로, 이를 지불하지 못하는 상황은 최우선으로 해소해야 한다. 단기 대출을 받아서라도 신용 훼손을 막아야 한다.

### 큰 규모의 신규 주문 수주

갑자기 예년보다 훨씬 큰 규모의 주문이나 프로젝트를 수주했다면 생산 원자재를 대량 구매하거나 개발 인력을 충원해야 하는데 현재 자금이 부족하다면, 수주 계약서를 담보로 대출을 받는 방법도 있다. 실제로 많은 기업들이 큰 수주를 받고 나서 프로젝트 파이낸싱이나 계약 기반 대출 등을 활용한다.

### 거래 은행의 여신 한도 소진

주거래은행에서 이미 대출 한도를 꽉 채웠다는 통보를 받는다면, 다른 은행이나 보증기관을 통한 추가 자금 확보 방안을 모색해야 할 때이다. 주거래은행 한도가 찼다는 것은 이미 부채가 상당함을 의미하므로, 추가 대출은 신중해야 하지만 동시에 운전자금 부족의 위험도 높아진 상태라고 볼 수 있다. 이럴 땐 정책자금 등 제2금융권이나 공공자금 활용을 검토해야 한다.

# 내 회사에 맞는
# 대출을 찾아라

## 대표적인 대출 상품

중소기업이 필요로 하는 자금은 용도와 상황에 따라 여러 가지 대출 상품으로 조달할 수 있다. 중소기업들이 흔히 사용하는 대표적인 법인 대출 상품은 다음과 같다.

### 일반 운전자금 대출

운전자금은 일상적인 경영 활동(원자재 구입, 인건비 등)에 쓰이는 자금을 말한다. 운전자금 대출은 기업의 연간 매출규모나 매출 채권 등을 고려하여 한도를 부여받고, 필요시마다 대출을 실행하는 형태이다. 주로 마이너스 통장(한도 대출) 방식으로 운용되어, 기업은 승인된 한도 내에서 자금을 입출금하며 이자는 사용분에 대해서만 지급한다. 비교적 이용이 자유롭고 회전율이 높은 자금으로, 많은 중소기업들이 기본 자금으로 활용한다. 운전자금 대출은 보통 단기(1년 이내)로 설정되어 만기 시 상환 또는 연장하는 방식이다.

### 시설자금 대출(설비 투자자금)

시설자금은 공장 건설이나 기계 구매 같은 투자 목적 자금을 뜻한다. 시설자금 대출은 특정 투자 목적에 한정해 나오는 대출이다. 은행은 해당 시설의 담보 가치와 투자 타당성을 심사하여 자금을 빌려주며, 보통 수년간 분할상환(원금균등 분할 등) 조건이 붙는다. 금리는 운전자금보다 다소 낮은 편이며, 투자 완료 후 실제 집행 내역을 증빙하도록 요구되기도 한다.

### 담보 대출(부동산 담보 대출)

담보 대출은 부동산이나 예금, 유가증권 등의 담보를 제공하고 받는 대출로서, 담보가치만 충분하다면 비교적 낮은 금리로 큰 금액도 빌릴 수 있는 장점이 있다. 회사 소유 공장 건물이나 토지, 또는 대표이사 개인이 보유한 부동산을 담보로 대출을 받는다. 담보 감정가 대비 60~80% 선에서 한도가 결정되며, 금리는 담보 가치가 높을수록 낮아진다.

만약 기업이 갑자기 큰돈이 필요하지만 신용으로는 어렵다면, 부동산 담보 대출이 가장 확실히 큰 금액을 마련하는 방법일 수 있다. 단, 만기에 상환하지 못하면 담보자산이 처분되는 위험을 명심해야 한다.

### 신용보증부 대출

기술보증기금이나 신용보증기금 등의 공적 보증기관의 보증서를 담보로 받는 대출이다. 기업이 직접 담보가 없더라도, 이러한 기관이 기업의 기술력이나 사업성을 평가하여 보증서를 발급해주면 은행에서 저금리 대출이 가능하다. 예를 들어 기술력이 우수한 스타트업은 기술보증기금 보증대출로 운영자금을 확보할 수 있다. 이때 기업은 보증기관에 일정 수수료를 내며, 보증한도와 조건은 기관의 심사에 따라 달라질 수 있다.

신용 대출은 말 그대로 담보 없이 기업의 신용도만으로 받는 대출이므로 신용등급이 우수하고 재무구조가 건전한 중견기업 이상이 아니라면 신용대출 한도는 크지 않을 수 있다. 하지만 속도와 편의성 측면에서 소액 신용대출은 급할 때 유용하게 쓰인다.

한편 정책금융기관 대출(중소벤처기업진흥공단, 기술보증기금, 신용보증기금 등을 통한 대출)은 정부가 이자를 보전하거나 보증을 서주는 형태로, 담보나 신용이 부족한 기업도 활용할 수 있게 설계되어 있다.

### 할인어음 및 팩토링

판매 거래에서 발행된 상업어음을 은행이 할인해 현금화해주거나, 매출 채권을 담보로 대출해주는 형태이다. 이는 일종의 매출 채권 담보 대출로 볼 수 있으며, 외상 거래 비중이 큰 기업에서 유용하다. 어음할인은 만기일까지 기다리지 않고 지금 현금으로 바꿀 때 약간의 이자(할인료)를 떼는 방식이고, 팩토링은 매출 채권을 금융사에 양도하고 자금을 미리 당겨쓰는 방식이다. 둘 다 매출은 발생했지만 현금 회수가 늦을 때 단기 유동성을 확보하는 수단이다.

## 특정 용도별 대출

이 밖에 수출기업을 위한 수출금융, 계약을 따낸 기업에 주는 프로젝트 파이낸싱(개발자금 대출), 프랜차이즈 가맹점을 위한 대출, 여성기업/창업기업 전용 대출 등 용도나 대상이 특화된 금융상품들도 있다. 이러한 상품들은 해당 요건에 충족하면 일반 대출보다 유리한 조건을 제공하기 때문에, 기업이 자기 상황에 맞는 특화 상품을 찾는 것도 중요하다.

각 대출 상품마다 장단점이 있으므로, 기업은 금리, 상환 기간, 필요 서류, 실행 속도 등을 종합적으로 고려해서 적절한 조합을 찾는 것이 중요하다. 예를 들어 당장 일주일 내 급히 돈이 필요하면 비교적 간편한 한도 대출이나 사채성 자금에 의존할 수 있지만, 시간이 허락한다면 금리가 낮은 정책 자금이나 보증부 대출을 알아보는 것이 좋다.

## 대출 조건과 한도의 결정 요소

대출 조건은 기업이 통제할 수 있는 부분과 없는 부분이 섞여 있다. 담보나 재무 상태처럼 개선에 시간이 걸리는 부분도 있고, 거래 실적이나 용도 설명 등 비교적 단기간에 전략으로 대응 가능한 부분도 있다. 중요한 것은 금융기관이 우리의 어떤 점을 보고 판단하는지 알고 준비하는 것이다.

   은행이 기업에 대출을 내줄 때는 몇 가지 핵심 요소를 따져 조건
(금리)과 한두를 결정한다. 중소기업 CEO는 이러한 결정 요인을 이
해하고 있어야 금융기관과 협상할 때 유리하다. 주요 결정 요소는
다음과 같다.

### 담보력

   담보가 있다면 한도가 커지고 금리가 낮아진다. 담보로 인정되
는 자산은 주로 부동산, 예금, 국공채, 일부 보험증권 등이다. 담보
자산의 평가가액 대비 담보인정비율(LTV)에 따라 대출한도가 정해
지며, 담보의 환금성이 높을수록 금융기관은 더 좋은 조건을 제시
한다. 예컨대 시가 10억 원인 서울 소재 건물을 담보로 제공하면
최대 7억~8억 원까지 대출 가능할 수 있지만, 시가 10억 원 상당의
재고자산을 담보로 한다면 훨씬 낮은 평가를 받을 수 있다.

### 신용도와 재무 상태

   기업의 신용등급(신용평가사에서 부여한 등급)과 재무제표상의 안정성
이 중요하다. 부채비율, 이자보상배율(영업이익 대비 이자비용 비율), 매
출액 추이, 영업현금흐름 등이 긍정적으로 나타나면 높은 신용등
급을 받으며, 이는 대출 심사에 큰 가산점으로 작용한다. 반대로
최근 적자가 발생했다거나 부채비율이 지나치게 높으면 대출 승인
이 어려워지거나 높은 금리를 요구받는다. CEO 개인의 신용도도
중요한데, 중소기업 대출에서는 대표 개인 연대보증을 요구하는

경우가 많아 대표자의 신용점수가 저하되면 대출에 제약이 생길 수 있다.

### 대출 용도

은행은 돈이 어디에 쓰이는지에 따라 심사 완화 또는 강화 조건을 둔다. 생산적인 투자(시설 증설, 기술개발 등)나 정부 정책과 부합하는 용도(신사업 진출, 지역경제 활성화 등)에는 우대금리나 추가한도를 주기도 한다. 반면 부채 상환이나 운영비 보전처럼 소극적·소모적 용도의 대출은 엄격히 심사하고 한도를 낮추는 경향이 있다. 은행 입장에서는 빌려준 돈이 기업 가치를 높이는 방향으로 쓰여야 상환 가능성도 커진다고 보기 때문이다. 따라서 대출 신청 시에는 용도를 명확히 밝히고 그 용처가 기업 성장에 어떻게 기여하는지 설명하는 것이 좋다.

### 관계 및 거래 실적

해당 금융기관과 거래한 실적도 조건에 영향을 미친다. 주거래 은행으로 수년간 이용하면서 예금, 결제성 거래, 외환거래 등을 꾸준히 해온 기업은 관계형 금융의 혜택을 볼 수 있다. 은행 입장에서도 속속들이 잘 아는 거래 기업에 대해서는 심사를 유연하게 적용하고, 금리도 소폭 우대해주는 사례가 많다. 반면 처음 거래를 트는 은행이라면, 동일한 기업이라도 보수적으로 평가될 수 있다. 그래서 전략적으로 은행을 분산 거래하여 어느 한 곳의 한도가 소진되면 다른 곳에서 추가 대출을 받는 기업도 있지만, 가능하면 주 거래은행을 정하여 신뢰를 쌓는 것이 장기적으론 더 큰 한도와 좋은 조건을 얻는 지름길이다.

시중은행 대출은 금리가 낮고 한도가 큰 편이지만 심사 기준이 엄격하고 절차가 까다롭다. 지방은행이나 신용협동조합 등은 지역 기반으로 중소기업에 비교적 친화적인 대출을 내주기도 한다.

# 법인 대출
# 승인 확률 높이기

## 대출 실행까지의 절차

기업이 대출을 받기로 결정했다면, 실제로 자금이 입금되기까지의 과정을 이해하고 순차적으로 대비해야 한다. 일반적인 법인 대출 실행 과정은 다음과 같다.

### ① 사전 상담 및 한도 조회

거래 은행의 기업금융 담당자나 신용보증기금 상담역 등과 만나서 우리 회사의 현황을 설명하고 어느 정도 한도가 가능할지 의견을 구한다. 이 단계에서는 정식 심사 전이므로 재무제표나 사업계획서 등을 가지고 비공식적인 프리뷰(사전 진단)를 받는다고 보면 된다. 여러 기관을 알아보고 비교하는 것이 좋다.

### ② 대출 신청서 및 서류 제출

한 곳을 정해 대출을 신청하기로 했다면, 해당 금융기관이 요구하는 신청서와 구비 서류를 제출한다. 법인인 경우 일반적으로 최근 3개년 재무제표, 회사소개서나 사업계획서, 주주명부, 부동산 등기부등본(담보 시) 등이 필요하다. 대표이사 개인 보증이 있을 경우 개인신용보고서, 납세증명서 등도 요구된다. 정책자금의 경우 온라인으로 신청하고 추가 자료를 내는 절차를 거칠 수도 있다.

### ③ 신용평가 및 심사 진행

서류를 접수하면 은행 또는 보증기관에서 신용평가와 여신 심사를 진행한다. 이때 신용 평가 모델에 따라 기업등급이 산출되고, 심사역은 제출 자료와 외부 신용 정보(NICE나 KCB의 기업 신용등급, 국세·지방세 체납 여부, 금융 연체 기록 등)를 종합 검토한다. 필요시에는 기업 방문 실사나 대표자 면담이 이뤄지기도 한다. 또한 담보 제공 시에는 담보평가(감정)를 병행한다.

### ④ 여신 승인 및 조건 협의

심사가 끝나면 여신위원회 승인 절차를 거쳐 대출 승인 여부와 한도, 금리가 결정된다. 금융기관은 그 결과를 통보하면서, 대출 실행을 위한 조건(예 : 대표 연대보증, 담보 설정, 재무 약정사항 등)을 제시한다. 여기서 금리가 예상보다 높거나 조건이 까다롭다면 어느 정도 협상도 가능하다(예 : "금리를 0.2%p만 낮춰달라"거나 "담보 비율을 완화해달라" 등). 은행과 조건 협의가 마무리되면 대출 계약서 초안이 작성된다.

⑤ **계약 체결 및 실행**

최종 조건에 양측이 합의하면 대출 약정서를 작성하고 대표이사 및 보증인 서명을 거친다. 동시에 담보 제공이 있다면 담보 설정 등기도 이행한다. 모든 서류 작업이 완료되면 금융기관은 지정된 날짜에 대출금을 기업 계좌로 실행(지급)한다. 필요에 따라서는 실행된 자금이 용도대로 쓰이는지 사후 점검(예:시설자금의 경우 영수증 제출)하는 절차가 이어질 수 있다.

이상의 과정은 보통 몇 주에 걸쳐 진행되며, 정책자금이나 보증기관 대출은 수개월이 걸리기도 한다. 실제로 D업체는 은행 대출을 신청한 지 2주 만에 대출금을 받았는데, 이는 이미 오랫동안 거래해온 은행이라 심사가 간소화된 덕분이었다. 반면 E사는 신용보증기금 보증대출을 신청하여 승인까지 3개월이 걸렸는데, 중간에 정책 우선도 평가 및 현장 실사가 있어서 시간이 지체되었다. 따라서 기업은 자금이 실제로 필요하기 최소 2~3개월 전부터 미리 움직이는 것이 안전하다.

## 대출 신청 전 준비사항

원활한 대출 실행을 위해서는 신청 이전에 미리 준비해야 할 사항들이 있다. 준비가 잘되어 있을수록 심사가 수월하고, 승인이 날 확률도 높아진다. 준비를 철저히 해두면 심사 담당자가 추가 보완

서류를 요구하는 일을 줄일 수 있고 심리적으로도 긍정적 인상을 줄 수 있다. 실제로 F사는 대출 상담 전부터 사업계획서와 예상 재무제표를 만들어가서 담당자를 놀라게 했고, 실제 심사에서도 좋은 평가를 받아 신용등급 대비 높은 한도의 대출을 승인받았다. 이처럼 '준비된 고객'에게 금융기관은 신뢰를 느끼고 더 호의적으로 대응하기 마련이다.

다음은 대출 신청 전에 미리 챙겨야 할 주요 사항들이다.

### 재무제표 정리

최근 결산 재무제표(재무상태표, 손익계산서 등)를 정확하고 깔끔하게 정리한다. 필요하다면 공인회계사의 검토의견이나 감사보고서를 첨부하여 신뢰도를 높이는 것이 좋다. 특이사항(예:일회성 비용으로 인한 적자 등)이 있다면 메모를 준비해 설명할 수 있도록 한다.

### 부채 및 세금 정리

세금 체납이나 연체 중인 부채가 있는지 확인하고, 가능하면 미리 정리한다. 금융기관은 세금 체납 기업을 매우 꺼려 하므로, 부득이한 경우 사전에 이유를 밝히고 납부 계획을 제시해야 한다. 또한 금융권 연체 기록이 남아 있다면 대출 승인에 치명적이므로, 연체가 있다면 해결하고 어느 정도 기간(보통 3~6개월) 경과 후 신청하는 것이 바람직하다.

### 사업 계획 및 자금 사용 계획 수립

대출금을 어디에 어떻게 사용할지 명확한 계획을 가지고 있어야 한다. 단순히 '운영비 부족'보다는, '신제품 생산라인 증설을 위한 원부자재 구매 및 시설 투자에 ○억 원 사용'처럼 구체적으로 계획을 세운다. 이를 문서화한 사업계획서나 자금운용계획서를 만들어 제출하면 심사 시 신뢰를 높일 수 있다.

### 담보 및 보증 준비

담보 제공을 예상한다면 해당 자산의 권리관계(가압류나 선순위 담보 유무 등)를 확인하고, 필요시 선순위 담보를 상환하거나 정리해두는 것이 좋다. 대표이사나 제3자가 연대보증을 설 경우, 보증인의 신용 상태도 사전에 점검한다. 보증인이 개인 연체가 있거나 신용 불량이면 아무리 회사가 좋아도 대출이 거절될 수 있기 때문이다.

### 기타 필요 서류

법인 인감도장 및 사용 인감, 주주명부, 이사회 의사록(차입 승인 내용) 등 행정 서류들도 미리 챙겨둔다. 은행 대출은 서류 작업도 많으므로, 하나라도 미비하면 실행이 지연된다. 특히 정책자금 온라인 신청 시에는 각종 파일 업로드, 인증서 로그인이 필요하므로 마감일 이전에 테스트해보는 것이 좋다.

## 대출 심사 핵심 포인트

대출 심사는 기업의 건강검진과 같다. 평소에 탄탄하게 재무체질을 관리하고, 신용을 쌓아온 기업이라면 어렵지 않게 통과할 것이다. 그러나 준비가 부족했던 기업도 약점을 보완하면 심사 통과 확률을 높일 수 있다. 예컨대 자본잠식 상태의 기업이라면 대주주의 추가 출자를 유도하거나 재무 구조 개선 계획서를 만들어 제출함으로써 심사위원에게 긍정적 신호를 줄 수 있다. 결국 심사는 사람의 일이므로, 자료 뒤에 숨어 있는 기업의 스토리를 잘 전달하는 것이 합격의 열쇠이다.

은행이나 보증 기관의 심사 과정에서 어떤 점이 주요 평가 항목이 되는지 이해하면, 신청 기업으로서 어디에 중점을 두고 대응해야 할지 알 수 있다. 심사 시 보통 다음 포인트들이 중요하다.

### 상환 가능성(Cash-flow)

궁극적으로 금융기관이 보는 것은 '빌려준 돈을 제때 돌려받을 수 있는가'이다. 상환은 결국 현금흐름에서 나오는 것이므로, 영업활동현금흐름이 꾸준히 플러스를 유지하고 있는지, 이자비용 감당이 가능한지 등이 핵심이다. 따라서 심사 시 지난 기간의 현금흐름표나 이자보상배율을 꼼꼼히 살펴본다. 만약 영업현금흐름이 마이너스라면 왜 그런지 설명하고, 대출을 통해 어떻게 개선할지 설득해야 한다.

### 재무 안전성 지표

부채비율, 유동비율, 순차입금비율(차입금-현금/자본) 등 재무 안전성을 나타내는 숫자들이 일정 기준 이상이어야 한다. 업종 평균이나 과거 대비 지나치게 악화된 추세라면 위험 요인으로 간주된다. 이를 보완하기 위해 신규 자본 투자 유치 계획이나 자산 매각 등을 통한 부채 감축 계획이 있다면 제시하는 것이 좋다.

### 경영자의 신뢰도와 전문성

정량 지표 외에, 정성 평가로서 경영진의 역량과 태도도 심사에 영향을 준다. 특히 정책자금 심사나 기술금융에서는 CEO의 전문 지식, 업계 경력, 회사의 비전 등을 보기도 한다. 은행과의 면담에서 경영자가 사업 내용과 재무 상황을 잘 파악하고 있으면 신뢰도가 상승하고, 모호하거나 파악을 못하고 있으면 불안 요소로 본다. 컨설턴트와 미리 모의 면접을 해보거나, "매출 증대 전략은?" "주요 거래처는?" 등과 같은 예상 질문에 대비하면 도움이 된다.

### 업종 및 시장 전망

해당 기업이 속한 업종의 전망도 평가에 들어간다. 설령 현재 재무 상태는 양호해도, 업황이 급속도로 나빠지고 있는 산업에 속해 있다면 보수적인 평가를 받는다. 반면 성장 산업이거나 정부 육성 산업 분야라면 가점을 받기도 한다. 이런 부분은 기업이 통제하기 어렵지만, 불황 산업 속에서도 어떻게 경쟁력을 가졌는지 잘 표현하는 것이 중요하다. 예를 들어 "동종 업계가 침체되어 있지만 우리 회사는 수출 다변화로 두 자릿수 성장을 유지하고 있다"라는 식의 근거를 제시하면 심사역의 인식을 바꾸는 데 도움이 된다.

### 기존 금융 거래 이력

연체나 불이행 이력은 심사에서 매우 중요한 역할을 한다. 만약 과거에 대출금 상환을 연기하거나 채무 조정 등의 전력이 있다면 이를 설명하고, 재발 방지를 위한 개선점을 강조해야 한다. 아무 설명 없이 이러한 기록이 나오면 심사자가 느끼는 거부감이 크므로 투명하게 이유를 밝히고, 현재는 상황이 개선되었음을 보여주는 자료(예 : 최근 몇 년간 꾸준한 상환 이행 기록 등)를 제출하는 것이 좋다.

# 금융기관이 면밀히 살펴보는
# 항목을 관리하라

재무제표는 기업의 재무 상태와 경영 성과를 숫자로 표현한 문서로, 흔히 '기업의 언어'라고 불린다. 은행을 비롯한 금융기관은 대출 심사 시 제출된 재무제표를 면밀히 분석하여 그 기업의 신용도와 상환 능력을 판단한다. 중소기업 CEO나 경영 지원 담당자는 은행이 재무제표의 어떤 부분을 중점적으로 보는지 알아야 평가자의 눈으로 자사 재무를 관리하고 개선할 수 있다.

## 현금 창출 능력과 재무안정성 평가

우선 기업이 제출하는 대표적인 재무제표는 재무상태표(대차대조표), 손익계산서, 현금흐름표 등이 있다. 은행 심사역은 이 표들에서 숫자 몇 개만 휙 보고 결론을 내리는 것이 아니라, 연도별 추이와 상호 관계를 함께 살핀다. 예를 들어 손익계산서상 영업이익이 증가해도, 현금흐름표상 영업현금흐름이 감소하면 매출 채권 증가 등으로 실제 현금은 부족한 상태일 수 있다고 판단한다. 따라서 단순히 매출이나 이익 규모뿐만 아니라 현금 창출 능력과 재무안정성을 종합적으로 평가한다.

G사는 영업이익률도 높고 매출 성장세도 좋아 겉보기엔 우량해 보였지만, 은행이 현금흐름표를 확인해보니 매출채권 회전이 매우 느려 현금흐름이 계속 마이너스였다. 결국 G사는 예상보다 낮은 신용등급을 받고 대출 한도가 제한되었다. 이처럼 숫자 하나만으로는 판단하지 않고, 재무제표 전반의 맥락을 이해하려는 것이 금융기관의 접근법이다. 금융기관이 구체적으로 어떤 항목들을 중요하게 여기는지 살펴보겠다.

## 재무안정성 지표

재무안정성은 채무를 적절히 사용하고 갚아나갈 능력이 있는지를 나타내는 지표들로 측정된다. 은행 심사역은 이런 지표들을 최근 3~5년 치 추이를 보면서 평가하고, 동종업계 평균과도 비교한다. 실제로 H사는 부채비율이 250%로 높았으나, 업계 평균이 300%를 넘는 건설업종이라는 점을 감안했다. 대신 유동비율이 동종 업체 대비 낮아 단기 유동성 위험이 지적되었고, H사는 이를 해결하기 위해 일부 자산 매각을 약속하면서 대출을 승인받았다.

이렇듯 종합적인 판단이 이뤄지므로, 우리 회사의 지표가 어떤 수준인지 파악하고 있을 필요가 있다. 만약 특정 지표가 취약하다면 그에 대한 개선 노력(예 : 증자 계획, 재무 구조 개선안 등)을 제출 자료에 포함시키면 좋다.

은행이 흔히 보는 재무안정성 지표는 다음과 같다.


### 부채 비율

총부채 / 자기자본으로 계산되며, 기업의 자본 구조를 보여주는 대표적인 지표이다. 부채 비율이 높다는 것은 자기자본 대비 많은 빚을 지고 있다는 뜻으로, 일반적으로 100% 이내가 이상적이고 200%가 넘으면 위험 신호로 여겨진다. 다만 업종에 따라 설비 투자가 많은 제조업 등은 부채 비율이 다소 높아도 허용 범위가 넓다. 은행은 부채 비율 상승 추이에도 주목하는데, 최근 몇 년간 급격히 높아졌다면 왜 그런지 설명해야 한다.


### 유동 비율

유동자산 / 유동부채로, 단기 채무를 상환할 만한 단기 자산이 충분한지 나타내는 비율이다. 유동 비율 100% 이상이면 단기적으로 안정적이라고 보지만, 지나치게 낮다면 당장 현금이 부족할 수 있음을 의미한다. 예를 들어 유동 비율이 70%라면 1년 내 갚아야 할 채무에 비해 현금화하기 쉬운 자산이 턱없이 부족하다는 뜻이므로 대출 심사에 부정적 영향을 미친다.


### 이자 보상 배율

영업이익/이자비용으로 계산하며, 기업이 벌어들인 이익으로 이자비용을 얼마나 감당할 수 있는지를 보여준다. 이 지표가 1 미만이면 영업이익으로 이자도 못 낸다는 뜻이고, 2 이상이면 이자비용을 충분히 커버하고 이익도 남는다는 의미다. 은행은 대출 이후에도 이 기업이 이자를 잘 납부할 수 있을지 판단해야 하므로, 이자보상배율이 낮으면 추가 대출에 신중할 수밖에 없다.

### 차입금 의존도

총차입금 / 총자산으로, 기업 자산 중 얼마나 빚에 의해 조달되었는지 비율을 본다. 부채 비율과 유사한 개념이지만, 총부채가 아닌 순수 금융 차입금만 놓고 보기 때문에 금융 부채 부담 수준을 더 직접적으로 파악할 수 있다. 은행 입장에서는 이 비율이 높으면 이미 다른 금융 부채가 많다고 판단하여 추가 대출을 꺼릴 수 있다.

### 자금상환능력지수(DSCR)

일부 장기 대출 심사에서 쓰이는 지표로, 영업현금흐름 / (단기부채 상환액 + 이자비용)으로 계산한다. 이는 현금 창출 능력으로 1년 내 부채와 이자를 감당할 수 있는지를 보는 지표이다. DSCR이 1 이상이면 기본적으로 상환 능력이 있다고 보고, 1 미만이면 부족하다고 본다. 프로젝트 파이낸싱이나 시설자금 대출 심사 시 중요하게 고려된다.

## 수익성과 성장성 지표

안정성만큼이나 수익성과 성장성도 중요하다. 결국 기업이 돈을 꾸준히 벌어야 부채를 갚을 수 있기 때문이다. 성장성과 수익성 면에서 중요한 것은 일관성이다. 어느 해는 대박, 어느 해는 쪽박 식의 들쑥날쑥한 실적보다는, 안정적으로 우상향하는 그래프를 선호한다. 왜냐하면 그렇게 예측 가능해야 미래 현금흐름도 가늠할 수 있기 때문이다. 만약 실적 변동이 큰 업종이라면(예 : 건설, 조선 등) 그 특성을 설명하고, 수주 잔고나 수주 예정 물량 등을 통해 향후 매출 전망을 밝혀주는 것이 좋다.

실제로 I기업은 3년 전 큰 적자를 냈지만, 다음해에 바로 흑자 전환하고 이후 안정적으로 영업이익을 내고 있었다. 은행은 과거 적자에 대해 질문했지만, I기업이 신제품 개발 실패로 인한 일회성 손실이었음을 증명하고 현재는 주력 제품 중심으로 안정적 수익 구조를 확보했다고 설명하여 신뢰를 얻었다. 이렇듯 수익성과 성장성 지표에서 과거의 약점이 있더라도, 원인과 개선 노력을 소명하면 이해를 구할 수 있다.

금융 기관이 주로 보는 수익성 지표는 다음과 같다.

### 매출액 및 매출 성장률

절대적인 매출 규모도 중요하지만, 전년 대비 매출 증가율을 눈여겨본다. 꾸준한 성장세를 보이는 기업은 긍정적으로 평가받는다. 만약 매출이 감소 추세라면, 그 원인이 산업 침체인지 회사의 경쟁력 약화인지 분석하게 된다. 신규 대출로 투입된 자금이 향후 매출 증대로 이어질지를 판단하는 근거가 된다.

## 영업이익률

영업이익 / 매출액으로 계산되는 비율로, 본업으로 얼마나 이익을 내는지 보여준다. 영업이익률이 높을수록 채무 상환에 유리한 구조라 할 수 있다. 다만 일시적으로 투자나 마케팅 비용 증가로 영업이익률이 낮아졌다면, 이를 감안해줄 수도 있다. 은행은 영업이익이 3년 연속 적자인 기업은 구조적 문제로 보아 대출을 극히 조심스러워한다.

## 순이익과 이익잉여금

순이익이 흑자인지 적자인지, 누적된 이익잉여금(결손금)이 얼마나 되는지도 살펴본다. 결손금이 큰 기업은 자기자본이 깎여나가 부채비율이 상승하므로 위험하다. 한두 해 적자는 투자 결과일 수도 있지만, 누적 적자가 자본금을 잠식할 정도라면 대출이 어렵다. 따라서 이전에 적자가 났다면 최근에 흑자 전환하여 결손을 얼마나 메웠는지를 강조할 필요가 있다.

## EBITDA 등 현금 창출 지표

일부 심도 있는 분석에서는 EBITDA(법인세·이자·감가상각전 영업이익)나 FCF(잉여현금흐름) 같은 현금 창출력 지표도 살펴본다. 이는 감가상각 등 비현금 비용을 더해 실제 사업에서 돈이 얼마나 도는지 파악하는 것이다. 예를 들어 제조업의 경우 감가상각비가 크기 때문에 순이익은 낮아도 EBITDA는 괜찮게 나올 수 있다. 은행은 EBITDA 대비 부채비율을 보며, 이 비율이 너무 높으면 빚 부담이 과중하다고 판단한다.

## 기타 유의 요소(분식, 부외부채 등)

중소기업은 외부 충격에 약하기 때문에, 재무제표상의 작은 위험 징후도 간과하지 않는 것이 금융기관의 입장이다. 세부적인 부분까지 챙기는 이유는, 대출 실행 후 잠재 리스크를 최소화하기 위해서이다. CEO나 재무 담당자는 이런 관점을 이해하고 자사 재무제표를 스스로 점검해봐야 한다. 가능하다면 컨설턴트에게 미리 재무제표를 검토받아 은행이 우려할 만한 부분을 선제적으로 파악하고 해소하는 것도 좋은 방법이라 하겠다.

### 분식회계 징후

재무제표를 볼 때 은행이 특히 경계하는 위험 신호들이 있다. 그 중 하나가 분식회계의 징후이다. 중소기업들 중에도 일부러 실적을 좋게 보이려고 장부를 조작하는 경우가 종종 있다. 심사역들은 여러 단서를 통해 분식 가능성을 점검한다.

예를 들어 재고자산이나 매출채권의 이례적 증가가 있는데 매출 성장으로 설명되지 않으면, 재고자산 과대계상이나 가공매출을 의심할 수 있다. 또 매출원가율이 업계 평균과 너무 다르면 원가 부풀리기 등을 생각할 수 있다. 이러한 의심이 들면 추가 자료 제출이나 현장 실사를 통해 사실 여부를 확인하게 된다. 그러므로 재무제표는 투명하게 작성해야 하며, 분식회계로 오해받을 만한 부분은 미리 설명을 붙여주는 것이 좋다.

### 부외부채(숨은 부채)

재무제표에 나타나지 않았지만 향후 현금 유출 가능성이 있는 부채성 약정들이 이에 해당한다. 대표적으로 회사채나 어음 발행, 금융 리스 등이 주석으로만 공시되고 부채 총계에는 안 잡히는 경우가 있다. 은행은 재무제표 주석이나 신용정보 조회를 통해 이러한 내역을 파악하고, 실제 부채 수준을 다시 계산한다.

예를 들어 건설사들이 시행사 보증을 서준 것 등이 부외부채로 많다면, 겉보기 부채비율보다 실제 위험은 높다고 판단한다. 따라서 기업은 숨겨진 부채가 없도록 하고, 부득이하게 있는 경우에는 리스크를 어떻게 관리하고 있는지 설명해야 한다.

### 자산의 질적 평가

재무상태표에 같은 100억 원의 자산이 있어도, 그 구성이 현금 50억 원 + 매출채권 50억 원인 회사와 재고자산 100억 원인 회사는 안정성 면에서 차이가 크다. 현금이나 유형자산은 가치가 확실하지만, 재고자산이나 미수금은 부실화 위험이 있다. 은행은 매출채권 회수 기간(DSO, Days Sales Outstanding)이나 재고자산 회전율 같은 지표도 확인해 자산이 얼마나 빨리 현금으로 전환되는지 살펴본다. 또한 매출채권 중에서도 특정 거래처에 과도하게 쏠려 있으면 거래처 리스크로 간주한다. 예를 들어 매출의 50%가 한 거래처에서 발생한다면, 그 거래처 부도로 연쇄 위험이 있을 수 있다고 보는 것이다.

# 정책자금, 잘 받는 회사는
# 따로 있다?

## 정책자금

　정책자금이란 정부 또는 공공기관이 중소기업의 성장을 돕기 위해 비교적 낮은 금리와 좋은 조건으로 빌려주는 자금을 말한다. 쉽게 말해, 정부가 정책적 목적(일자리 창출, 기술 혁신, 지역 균형 발전 등)을 달성하기 위해 기업에 자금을 지원하는 제도이다.

　정책자금은 일반 시중은행 대출과는 달리, 이차보전(이자 일부를 정부가 대신 부담)이나 신용 보증 지원 등의 혜택이 붙는 경우가 많다. 대표적인 정책자금으로는 중소벤처기업진흥공단(중진공)의 정책융자, 소상공인진흥공단의 소상공인 정책자금, 신용보증기금이나 기술보증기금을 통한 보증부 대출 등이 있다.

　중소기업 입장에서는 정책자금을 활용하면 금융 비용을 크게 아낄 수 있고 자금 조달 환경을 개선할 수 있다. 예를 들어 시중은행에서 5% 금리에 대출받을 것을 중진공 정책자금으로 2%대 금리에 조달할 수 있다면, 이자비용을 절반 이상 줄일 수 있다. 또한 정책

자금은 일정 기간 거치 후 장기 분할 상환 조건이 많아 상환 부담을 기업 성장 시점에 맞추어 완화해주는 장점도 있다.

일부 정책자금은 담보력이 부족한 기업에게 신용으로 대출 기회를 주기도 해서, 재무 여건이 열악한 스타트업이나 벤처기업들도 정책자금을 통해 도약의 발판을 마련하는 사례가 많다.

다만, 정책자금을 신청한다고 모두 받을 수 있는 것은 아니다. 오히려 경쟁률이 높고 절차가 복잡하여 철저한 준비가 필요하다. 정책자금에는 한정된 예산이 있고, 정해진 기간에 공모를 통해 신청을 받는다. 그리고 평가를 통해 선발된 기업만 대출이 실행된다.

따라서 정책자금은 기업 스스로 홍보 자료를 만들고 평가를 받아야 하는 과정이라고 이해할 필요가 있다. 단순히 은행 심사만 통과하면 되는 일반 대출과 달리, 정책자금은 "우리 회사가 이 자금을 받아야 할 정책적 타당성이 충분하다"라는 점을 강조해야 한다.

## 정책자금 신청을 위한 전략적 접근

정책자금을 성공적으로 확보하려면, 몇 가지 전략적 접근이 필요하다.

### 정책 방향 파악

해마다 정부의 중소기업 지원 정책에는 중점 분야가 있다. 예를 들어 특정 연도에는 스마트 공장, 그린 에너지, 디지털 전환 같은 키워드 산업을 우대할 수 있다. 지원 공고문을 보면 우대 업종이나 가점을 주는 사항들이 명시되어 있으므로, 우리 회사가 해당된다면 신청서에 이를 강조해야 한다. 반대로 전혀 관계없는 업종이라도, 정책적 가치를 부여할 수 있는 측면을 찾아내는 것이 중요하다 (예 : "당사 제품은 탄소 배출 저감 효과가 있어 그린 경제에 기여" 등).

### 정책우선도 평가 대비

중진공 등의 정책자금은 신청 기업이 많을 경우 정책우선도 평가를 통해 1차로 거를 수 있다. 정책우선도 평가는 정부가 정한 9개 내외의 지표(혁신 성장 분야 해당 여부, 일자리 창출 실적, 기업의 기술 성과 특허 보유, 수출 실적, 여성기업 여부 등)를 점수화하여 일정 점수 이상인 기업만 본심사에 올린다.

따라서 사전에 우리의 정책 우선도 점수를 가늠해보고, 부족한 부분이 있다면 미리 준비해야 한다. 예를 들어 가점 요소 중 가족 친화 인증이나 벤처기업 인증 등이 있다면, 미리 관련 인증을 받아두는 식이다. 정책우선도 평가를 통과하는 것 자체가 관문이므로, 컨설팅을 통해 해당 지표들을 체크하는 것이 좋다.

### 사업계획서 작성

정책자금 신청에는 상세한 사업계획서 제출이 필수이다. 여기에는 자금이 왜 필요한지, 그 자금을 활용하여 어떤 사업 성과를 낼 것인지, 일자리 창출이나 매출 성장 등 구체적인 목표와 전망을 적어야 한다. 이 부분이 마치 투자자를 설득하는 IR 자료와 비슷하기 때문에 성의 있게 작성해야 한다. 좋은 사업계획서는 심사위원들에게 "이 기업에 돈을 빌려주면 정책 목표 달성에 도움이 되겠다"라는 확신을 준다. 가독성 높은 문서와 설득력 있는 데이터를 담는 것이 유리하다.

### 재무제표 및 신용도 보강

정책자금이라 해서 재무 건전성을 안 보는 것은 아니다. 심사는 오히려 은행보다 깐깐할 수 있다. 따라서 재무제표상의 약점으로 인해 불이익을 당하지 않도록 잘 대비해야 한다. 가령 전년도에 적자가 있었다면 올해 현재까지의 실적을 포함해 개선 추세를 증명하고, 부채 비율이 높으면 추가 출자나 유상증자 계획 등을 밝혀 신뢰를 높여야 한다. 또한 정책자금 심사자는 은행 대출 담당자보다는 정책 목표 충족 여부를 중시하지만, 그래도 빌려준 돈을 떼일 수 있는 곳에 자금을 주진 않으므로 신용도(신용등급, 연체 기록 없음 등)를 챙겨야 한다.

### 타이밍과 정보 수집

정책자금은 공고 시기를 놓치지 않고 신청하는 것이 중요하다. 대개 연초나 분기별로 자금 신청을 받고, 예산 소진 시까지 진행되므로, 언제 공고가 나는지 수시로 확인해야 한다. 정부나 지자체, 중진공, 소진공 등의 웹사이트에 올라오는 공고문을 체크하거나,

관련 뉴스를 구독하는 것이 도움이 된다.

또한 지역 신용보증재단이나 중소기업 지원센터에 문의하면 현재 신청 가능한 자금이 무엇인지 안내받을 수 있다. 실제로 J사는 기술개발을 위한 정책자금을 받기 위해, 6개월 전부터 준비를 시작했다. 우선 자사가 혁신 성장 분야(바이오헬스)에 해당됨을 강조할 수 있도록 관련 특허 2건을 출원했고, 직원수도 늘려 고용 창출 점수를 높였다. 마침내 공고가 뜨자 준비해둔 사업계획서와 재무 자료를 제출하여 정책 우선도 평가를 통과하고, 본심사에서 높은 점수를 받아 원하는 금액을 수혈받았다. 이처럼 미리 준비하고 전략적으로 접근하면 정책자금 획득 가능성을 크게 높일 수 있다.

## 다양한 정책자금 활용 예

정책자금은 종류가 다양하며, 기업의 상황에 맞게 잘 선별해서 활용해야 한다. 몇 가지 주요 정책자금의 활용 사례를 살펴보겠다.

### 창업 및 벤처기업 자금

창업 초기 기업이나 벤처 인증 기업은 창업자금, 혁신창업자금 등의 명목으로 정부지원 대출을 받을 수 있다. 예를 들어 기술창업을 한 스타트업 K사는 창업 3년 차에 중진공 청년창업자금을 통해 1억 원을 2% 금리 조건으로 대출받았다. 이를 R&D에 투자하여 제품을 상용화했고, 이후 매출이 발생하면서 추가 투자도 유치할 수 있었다. 이처럼 초기 스타트업에게 정책자금은 마중물 역할을 한다.

### 운전자금 지원

경영 애로를 겪는 일반 중소기업 대상으로 경영안정자금, 긴급경영안정자금 등이 나오는 경우가 있다. 예를 들어 경기 침체로 일시적인 자금난을 겪던 제조업체 L사는 지방자치단체의 경영안정자금을 이용해 저리로 5천만 원을 빌릴 수 있었다. 이 자금으로 급한 재료비와 임금 지급을 맞추고, 이후 경기가 회복되면서 무사히 상환하였다. 이렇듯 정책자금은 위기 대응 수단으로도 활용된다.

### 설비투자 및 시설자금

생산성 향상이나 신기술 도입을 위한 설비투자를 할 때, 설비투자 정책자금을 이용하면 좋다. M사는 자동화 기계를 도입하기 위해 10억 원이 필요했는데, 시중은행 대출로는 이자 부담이 커서 망설이던 차에 정책자금(설비투자촉진자금)을 알게 되었다. 5년 상환에 1년 거치, 2%대 금리 조건으로 대출받아 설비를 구축했고, 생산 원가 절감과 품질 향상으로 매출이 크게 증가하였다. 낮은 금리의 투자 자금이 기업 경쟁력 강화로 이어진 사례라 하겠다.

### 특정 분야 지원자금

수출 기업, 환경 개선, 여성기업, 스마트 공장 구축 등 테마별 정책자금도 많이 존재한다. 예를 들어 수출 초보 기업은 수출 지원

자금을 통해 수출 마케팅 비용을 지원받거나, 환경 설비를 도입하는 기업은 환경 개선 자금을 통해 장기 저리 대출을 받을 수 있다. 우리 회사의 업종과 투자 계획을 살펴보면, 여기에 들어맞는 정책 자금이 하나쯤 있기 마련이다. 중요한 것은, 이러한 정보를 놓치지 않고 챙기는 역량이다.

### 보증 연계 자금

직접 대출이 아닌, 신용보증기금이나 지역신용보증재단을 통해 보증서를 받은 후 은행에서 대출받는 방식도 정책자금의 일환으로 볼 수 있다. N사는 담보가 없었지만, 신용보증기금에서 매출액 대비 2배에 달하는 보증서를 발급받아 시중은행에서 운전자금 3억 원을 빌렸다. 이때 적용 금리는 보증기관과 협약된 우대금리라 일반 대출보다 낮았다. 이러한 보증 연계 대출도 기업에게는 매우 유용한 정책 지원이다.

다양한 정책자금을 중복으로 활용하는 것도 가능하다. 다만, 한꺼번에 여러 지원을 받으면 추후 신규 신청 시 중복 수혜로 인한 제한이 있을 수 있으니 전략적으로 순서를 조율해야 한다. 예컨대 이미 중진공 자금을 받은 기업은 일정 기간 추가 대출이 어려울 수 있으므로, 그 사이에 신용보증기금 보증대출 등을 활용하는 식으로 계획한다.

# 놓치지 말아야 할
# 정부지원금 신청 전략

## 정부지원금과 정책자금의 차이

정책자금이 대출(융자) 형태라면, 정부지원금은 흔히 무상지원금 혹은 보조금이라 불리는 비융자성 자금이다. 정부지원금은 갚을 필요가 없는 자금으로, 정부가 기업의 특정 활동이나 프로젝트에 대해 비용의 일부를 지원해주는 형태이다. 예를 들어 중소기업 기술개발사업에 선정되면 정부가 개발비의 50~70%를 지원금으로 주고, 기업은 나머지 비용만 부담하면 된다. 지원금은 말 그대로 공짜 돈처럼 보이지만, 사실은 세금으로 조성된 재원이므로 정부의 목적에 부합하는 기업에 선별적으로 지급된다.

정부지원금과 정책자금은 목적과 운영 방식에서 차이가 있다. 정책자금은 상환이 전제된 돈이라 기업의 상환 능력이 중요하고, 이자를 적게 내는 구조이다. 반면 정부지원금은 상환은 안 해도 되지만, 용도 제한과 성과 조건이 붙는다. 예컨대 R&D 지원금을 받으면 정해진 기간 내에 연구를 완료하고 결과 보고를 해야 하며, 성과를 달성하지 못하면 페널티가 있을 수 있다. 또한 정부지원금은 보통 사후 정산 방식이어서, 기업이 일단 자기자본으로 사업을 진행하고 나중에 정부가 확인 후 지급하는 경우도 많다.

지원금의 종류는 매우 다양하다. 기술개발, 사업화, 시설 투자, 마케팅, 인력 고용, 수출 지원, 컨설팅 지원 등 목적별로 수백 가지 사업이 존재한다. 중앙정부뿐 아니라 지자체, 공공기관에서도 각종 지원 사업을 운영하고 있어서 연간 수조 원 규모의 지원금 예산이 책정된다. 중소기업에게 이는 놓쳐서는 안 될 자금줄이다. 실제로 정부지원금을 잘 활용하는 기업은 신제품 개발비, 특허출원비, 해외전시회 참가비 등을 거의 정부 지원으로 충당하기도 한다.

그러나 정부지원금은 경쟁이 매우 치열하다. 수백 대 일의 경쟁률을 뚫어야 하는 사업도 있고, 선정되더라도 지원 규모가 원하는 만큼 안 될 수도 있다. 게다가 신청서 작성, 발표 평가 등 수고로움도 상당하다. 그럼에도 불구하고, 성공 시 얻는 혜택이 크기 때문에 전략적으로 접근할 필요가 있다.

## 정부지원금 신청을 위한 핵심 전략

정부지원금은 공짜 점심이 아니라, 똑똑한 노력으로 얻어내는 성과다. 기업은 자신의 상황에 맞는 지원금을 찾아 전략적으로 도전하고, 성실하게 수행하여 실질적인 성장의 발판으로 삼아야 한다.

정부지원금을 받기 위해서는 철저한 준비와 전략이 요구된다.

다음은 지원금 신청 시 고려해야 할 핵심 요소들이다.

### 적합한 사업 찾기

수많은 지원 사업 중 우리 회사에 맞는 것을 골라내는 것이 첫걸음이다. 이를 위해 정부의 중소기업 지원 사업 통합 공고 사이트나 K-스타트업 플랫폼, 각 부처 공고 등을 수시로 살펴봐야 한다.

업종, 기업 규모, 필요한 용도에 따라 참여 자격이 천차만별이므로, 해당 자격에 부합하는 사업을 골라야 한다. 예를 들어 기술력이 강점인 회사라면 중기부(중소벤처기업부)의 기술개발사업, 디자인이 필요하면 중진공(중소벤처기업진흥공단)의 혁신 바우처(디자인 개발 지원) 등을 고려할 수 있다. 지역별로 중소기업 지원센터나 테크노파크에서 연초에 지원 사업 설명회를 개최하니 참석하면 유용한 정보를 얻을 수 있다.

### 신청서와 제안서의 완성도

지원금 신청에서 가장 중요한 것은 신청서(제안서)이다. 이는 평가위원들에게 우리 회사를 어필하는 프레젠테이션 문서와도 같다. 지원 배경, 수행 내용, 기대 효과 등을 명확하고 설득력 있게 작성해야 한다.

핵심은 정부의 돈을 투자할 만한 가치가 있는 프로젝트인가를 보여주는 것이다. 정량적인 목표(예 : 본 기술개발로 향후 3년간 매출 50억 원, 신규 고용 20명 창출 예상)와 구체적인 실행 계획을 제시하면 좋다. 또한 지원 사업 공고문에 적힌 평가 항목들을 분석하여, 그 항목마다 우리 제안서에서 어떻게 반영하고 있는지 체크해야 한다. 평가 항목에 빠진 내용이 없도록 꼼꼼히 작성하는 것이 합격의 열쇠이다.

### 컨소시엄 및 산학연 연계

어떤 지원 사업은 기업 단독보다 산학연 컨소시엄이나 다수 기업의 협업을 선호하기도 한다. 만약 단독으로 해내기에는 역부족인 기술개발 과제가 있다면, 대학의 연구실이나 전문 기업과 공동으로 신청하는 것을 고려하기 바란다. 실제로 많은 정부 R&D 사업에 대학 + 기업 또는 대기업 + 중소기업 컨소시엄을 이뤄 지원한다. 이러한 협력 네트워크를 구축해두면 정보 공유에도 좋고 선정 가능성도 올라간다.

### 발표 및 면접 대비

상당수 지원 사업은 1차 서류평가를 통과하면 2차 발표 평가(대면 평가)를 진행한다. 프레젠테이션 자료를 준비해 평가위원들 앞에서 발표하고 질의응답을 받는 과정인데, 이는 투자 유치 IR과 비슷하다. 발표자는 사업 내용과 강점을 논리적으로 전달할 수 있어야 하고, 예상 질문에 대한 답변도 준비해야 한다. 예를 들어 예산 사용 계획이 타당한지, 기술 차별성이 있는지, 팀 역량은 충분한지 등의 질문이 나올 수 있다.

발표 평가에서는 시간 관리와 커뮤니케이션 스킬도 중요하다.

정해진 시간(15~20분) 내에 핵심을 잘 요약하고, 질문에 자신감 있게 답변해야 높은 점수를 받을 수 있다. 필요한 경우 프레젠테이션 코칭이나 모의 면접을 통해 만반의 준비를 갖추도록 한다.

## 성과 관리와 신뢰 구축

지원금을 일단 받는 데서 끝이 아니라, 받은 후 성공적으로 과제를 수행하는 것이 중요하다. 정부 지원 사업은 과제 완료 후에 성과 보고 및 정산 과정을 거치는데, 이때 계획한 목표를 달성하지 못하면 향후 지원 사업 참여에 불이익을 받을 수 있다. 예를 들어 개발 마일스톤을 못 맞추거나 보고서를 부실하게 내면 다음번에는 선정되기 어려워진다.

반대로, 한번 받은 지원금을 잘 활용해 우수한 성과(예 : 예정했던 신제품 개발 완료, 매출 증대 등)를 내고 보고까지 깔끔하게 하면 정부 측에 신뢰를 줘 이후 지원도 유리하게 된다. 실제로 정부 과제에서 인증받은 성공 기업은 다음 지원에서 가점을 받거나, 추천 대상으로 고려되기도 한다.

지방에서 운영되는 제조기업 O사는 정부지원금으로 스마트 공장 구축을 노리고 있었다. 지역 대학 자동화 연구소와 협약을 맺고 공동 제안서를 제출, 1차를 통과하였다. 발표 평가에서는 실제 공장 영상과 시연 계획을 보여주며 현실감 있는 프레젠테이션을 했고, 예상 질문인 '중소기업의 스마트 공장 도입 효과'에 대해 자사 공정 데이터를 제시하며 답변했다. O사는 최종 선정되어 지원금으로 생산라인을 자동화했고, 생산성이 30% 향상된 데이터를 정부에 보고하여 과제를 성공적으로 마쳤다. 이로써 O사는 정부지원금을 통한 혁신 성공 사례로 인정받아 차기 정부 사업(해외 진출 지원)에서 도 우선 협상 대상에 포함되는 선순환을 이루었다.

## 기업 유형별 지원금 공략

정부지원금은 기업의 유형과 상황에 따라 접근법을 달리해야 한 다. 여기서는 몇 가지 기업별 상황에 따른 지원 전략을 제안한다.

### 스타트업 / 창업 초기 기업

기술력이 있거나 사업 아이디어가 참신한 스타트업은 중기부의 창업지원사업(예 : 팁스 프로그램, 초기 창업 패키지)이나 과기부의 기술 혁 신 개발 사업 등을 노려볼 만하다. 이때 중요한 것은 아직 실적이 부족하기 때문에, 팀원의 역량과 기술의 혁신성을 최대한 부각해 야 한다는 점이다. 창업 초기일수록 평가자들은 '이 팀이 실행할 수 있을까?'를 중점적으로 보므로, 팀 구성(경력, 전문성)과 시제품 또는 프로토타입을 통해 실행 가능성을 증명해야 한다.

### 성장 중인 기업

이미 매출이 나오고 있고 어느 정도 궤도에 오른 기업은 사업화 지원금이나 해외 진출 지원금 등을 활용해볼 수 있다. 제품이 어느 정도 완성되었다면 시장 개척 비용(마케팅, 해외 전시회 등)을 정부가 지원해주는 프로그램이 많다. 이 경우 기존 성과(국내 매출, 고객사, 인증 등)를 강조하면서, 지원금을 통해 스케일업(규모 성장)하겠다는 청사진을 제시하는 것이 좋다. 평가자에게 '이 기업은 투자하면 확실히 크겠구나'라는 인상을 줘야 선정 확률이 높아진다.

### 재무상 어려움을 겪는 기업

경영 위기를 맞았지만 기술이나 고용 측면에서 유지가 필요한 기업은 사업 전환 지원금이나 재기 지원 사업 등 구조조정 관련 지원을 이용할 수 있다. 이때는 솔직하게 현재의 어려움을 인정하되, 지원금으로 어떤 체질 개선을 이룰지 강조해야 한다. 예를 들어 "설비 노후화로 생산성이 낮아졌는데, 지원금을 통해 스마트 공장 전환을 이루어내겠다"처럼 생존 + 발전 계획을 보여주는 것이다. 정부도 일시적 어려움에 놓인 기업을 돕고자 하는 의도가 있으므로, 이를 충족하는 논리를 펴야 한다.

### 특정 분야 전문 기업

AI, 바이오, 콘텐츠, 녹색에너지 등 정부 전략 산업 분야의 기업은 관련 부처의 전용 지원 사업이 존재한다. 이들 사업은 업종에 특화되어 평가자도 그 분야 전문가들로 구성되므로, 전문용어와 기술 이해를 전제로 심화 평가가 이뤄진다. 따라서 일반형 지원 사업보다 더 치밀한 기술 자료와 데이터 제시가 필요하다. 또한 산업별 네

트워킹 행사를 통해 미리 평가위원 풀에 속한 기관이나 전문가들의 동향을 파악해두는 것도 한 방법이다. 물론 평가 공정성상 직접적인 접촉은 어렵지만, 업계 트렌드를 읽는 차원에서 유익하다.

### 계단식 활용법

기업 규모나 업력에 따라 지원 프로그램을 계단식으로 활용하는 전략도 있다. 처음에는 소액의 지방자치단체 지원 사업으로 시작해, 점차 규모가 큰 중앙정부 사업에 도전하는 식이다. 작은 과제부터 성공 경험을 쌓으면, 회사 내부적으로 노하우가 축적되고 대외 신뢰도도 올라간다. 실제로 지원금을 여러 번 받아본 회사일수록 신청서 작성이나 발표에 능숙하며, 이는 성공으로 이어진다.

# 자금 조달에 강한 CEO의 마인드셋

## 전략적 사고를 갖추고 숫자로 설득하라

기업에서 자금 조달 업무를 맡은 재무·회계 실무자나 CFO에게 필요한 가장 중요한 자질은 숫자에 강해야 한다는 것이다. 여기서 말하는 '숫자'란 단순히 계산 능력이 아니라, 재무제표를 꿰뚫어보고 미래의 숫자를 그릴 줄 아는 능력을 의미한다.

자금 조달에 강한 인재는 회사의 손익, 자산 상태, 현금흐름을 정확히 파악하고 있을 뿐만 아니라, 이를 토대로 '6개월 후에는 얼마가 부족하겠구나', '이 프로젝트에 투자하면 매출이 얼마나 늘겠구나'를 예측할 줄 안다. 이러한 재무 예측 능력이 있어야 미리미리 필요한 자금을 확보하고 위기를 피할 수 있다. 예를 들어 아무 준비 없이 돈이 다 떨어져갈 때 은행에 뛰어가 대출을 요청하는 사람과, 6개월 후를 내다보고 지금부터 금리 조건을 비교하고 대출 절차를 밟는 사람 중 누가 더 유리한 조건을 얻겠는가? 당연히 후자이다.

그러므로 중소기업의 회계 담당자는 늘 회사의 자금 흐름을 모니터링하고 시나리오별 자금 계획을 세워두는 습관을 가져야 한다. 보수적으로 시나리오를 짜서 나쁠 때를 대비하고, 좋을 때는 어떻게 잉여금을 운용할지도 생각해둬야 한다. 이런 전략적 사고가 몸에 배어 있으면, 급한 일이 닥쳐도 침착하게 가장 합리적인 해결책을 찾아낼 수 있다.

또 하나 중요한 마인드셋은 '자금도 투자'라는 인식이다. 대출을 받거나 지원금을 따오는 행위는 단순히 돈을 구걸하는 것이 아니라, 미래에 투자하는 행위라는 생각을 가져야 한다. 따라서 주도적으로 여러 금융 상품과 지원 제도를 연구하고, 최고경영진에게 자금 전략을 제안할 수 있어야 한다. 예컨대 "현재 이자비용이 연 5천만 원인데, 금융기관과 재협상하여 금리 1%p만 낮춰도 연 1천만 원이 절감된다. 이에 대한 계획을 실행해보겠다"라는 식으로 숫자로 말하며 설득하는 것이 유능한 재무 담당자의 자세이다.

## 관계를 관리하고 신뢰를 구축하라

자금 조달은 사람과의 관계가 크게 작용하는 분야이기도 하다. 아무래도 돈을 빌리는 것이니 만큼 금융기관 담당자, 보증기관 매니저, 컨설턴트 등 여러 사람들과 협업하게 된다. 이때 신뢰 관계를 구축하는 것이 장기적으로 큰 힘을 발휘한다.

우선, 은행 담당자와의 관계 관리가 중요하다. 주거래은행의 기업 금융 담당자를 우리 편으로 만들어야 여러모로 편리하다. 그렇다고 특별한 대접을 하라는 것이 아니라, 정기적인 소통과 정보 공유를 하라는 뜻이다. 분기별로 회사 실적 자료를 은행에 보내 최신 정보를 업데이트하고, 새로운 투자 계획이나 성과가 있을 때 알려주면 은행도 안심하고 해당 기업을 대한다. 또 문제가 생겼을 때는 솔직하게 털어놓고 상의하면 오히려 해결책을 함께 찾으려 한다. 예를 들어 일시적인 연체 가능성이 보이면 미리 은행에 연락해 상환 계획을 조율하는 것이 신뢰를 지키는 행동이다. 한 번 신뢰가 깨지면 금융 거래가 어려워지므로, 약속된 이자 지급일이나 제출 서류 기한 등을 철저히 지키는 것은 기본 중의 기본이다.

신용평가기관이나 보증기관과의 관계도 비슷하다. 신용보증기금 같은 곳은 정기 방문 상담을 환영하는 편이니, 수시로 찾아가 우리 회사의 현황을 업데이트하고 보증한도 관리에 협조를 구할 수 있다. 이때도 투명한 정보 제공과 신뢰 구축이 핵심이다. 또한 정부 지원 사업의 담당 주무관이나 심사역과도 인맥이 형성될 수 있는데, 물론 공정성 때문에 사적 친분을 쌓긴 어렵지만, 과거에 좋은 성과를 냈다면 이름을 알려두는 것만으로도 다음번 도전에 긍정적 영향을 줄 수 있다.

내부 관계도 중요하다. CEO와 재무 담당자 간의 신뢰, 현업 부서와 재무부서 간의 원활한 소통 등이 그것이다. 재무 담당자는 현장에서 들려오는 정보를 귀담아듣고, 현업 부서는 재무 부서의 요청에 적극 협조해야 한다. 특히 CEO와 재무책임자(CFO)가 한 팀이 되어 움직여야 하는데, 가끔 CEO가 자금 사정을 과신하여 무리한 확장을 지시한다거나, 또는 CFO가 너무 보수적이어서 성장 기회를 막는 경우가 있다. 둘 사이에 균형 잡힌 시각과 상호 신뢰가 형성되어야 최적의 재무 전략이 실행될 수 있다.

P기업의 재무이사는 거래 은행 지점장과 두터운 신뢰를 쌓아 신규 사업 투자 시 은행의 선제적인 자금 제안을 받기도 한다. 은행이 먼저 "요즘 설비 투자 계획 있으시면 알려주세요. 본점에 승인 요청해보겠습니다"라고 할 정도이다. 이는 P기업이 수년간 투명한 정보 공개와 약속 이행으로 은행의 신뢰를 얻었기 때문이다. 이렇듯 사람 간 신뢰는 숫자로는 풀 수 없는 문제를 해결해주기도 한다.

## 학습하고 발로 뛰는 자세

금융 환경은 늘 변하기 때문에, 평생 학습자의 자세를 가져야 한다. 어제의 저금리 시대가 오늘은 고금리 시대로 바뀔 수 있고, 새로운 금융상품이나 지원제도가 수시로 나오기도 한다. 자금 조달에 강한 회계 실무자는 이러한 변화를 민감하게 파악하고, 계속 공부하고 정보 수집을 게을리하지 않는다.

예를 들어 갑자기 금리가 크게 올랐다면 기존 대출 포트폴리오를 재검토하여 고정금리 전환이 나은지, 일부 조기 상환을 해야 할지 판단해야 한다. 또 정부 정책 방향이 벤처 육성으로 흐르면 벤처 인증을 받아 정책 혜택을 누릴 방법을 찾아야 한다. 이러한 대응은 결코 정해진 매뉴얼로 되는 게 아니라 스스로 공부하고 발품을 팔아야 가능한 일이다.

구체적으로는, 금융 관련 뉴스나 전문 서적, 세미나 등을 꾸준히 접하는 것이 중요하다. 또한 동종 업계의 다른 기업들은 어떻게 자금을 조달하는지 벤치마킹하는 것도 큰 도움이 된다. 주변에 자금 조달을 잘하는 기업이 있다면 그 CFO와 교류하면서 노하우를 배울 수도 있다. 자금 컨설팅 업체에서 주최하는 간담회나 정부기관 워크숍 등에 참여해 최신 정보와 인사이트를 얻을 수 있다.

무엇보다 직접 발로 뛰며 경험을 쌓는 것이 최고의 학습법이다. 처음 대출 협상을 할 때는 미숙할 수밖에 없지만, 두 번 세 번 할수록 요령이 생긴다. 지원금 신청도 몇 번 떨어져 보면 심사위원들이 뭘 원하는지 감이 온다. 중요한 것은 실패에 좌절하지 않고 개선점을 찾는 태도이다. 예컨대 정책자금을 신청했다가 떨어졌다면 바로 담당자에게 문의하여 우리 기업이 부족했던 부분을 피드백 받아보는 식이다. 이를 보완해서 다음에 재도전하면 합격할 확률이 높아진다.

끝으로, 윤리의식과 책임감을 강조하고 싶다. 자금 담당자는 회삿돈의 흐름을 관리하는 사람인 만큼 투명성과 도덕성을 지켜야 한다. 어떤 유혹이나 압력에도 원칙을 어기지 않고 회사의 이익을 최우선에 두는 자세가 필요하다. 편법으로 대출을 더 받기 위해 분식회계를 하거나, 불법 브로커에게 의지하는 등의 행위는 장기적으로 기업을 망칠 수도 있다. 스스로 확고한 기준을 세우고 업무에 임해야 CEO와 조직의 신뢰를 받고 소신껏 일할 수 있다.

# 금융기관 방문 전
# 이것만은 꼭 체크하자

은행이든 보증기관이든, 자금 관련 상담을 받으러 방문할 때는 만반의 준비가 필요하다. 준비를 안 하고 가면 담당자가 질문할 때마다 "확인해 보겠다"라고 말하며 헤매게 되고, 신뢰도도 떨어진다. 제대로 준비를 마치고 방문하면 상담이 훨씬 구체적이고 생산적으로 진행된다. 담당자도 최선을 다해 지원 방안을 찾아주려 한다. 실제로 Q사는 은행 대출 상담 전에 내부적으로 재무 현황 브리핑 연습까지 하고 갔다. 그 결과 은행 담당자에게 "그동안 만나 본 중소기업 중 자료 준비가 제일 잘되어 있다"라는 칭찬을 들었고, 본점 승인을 끌어내는 데 담당자가 적극 협조해주었다. 이처럼 준비성과 진정성은 숫자만큼이나 중요한 요소이다.

다음은 금융기관을 방문하기 전에 반드시 확인하고 챙겨야 할 내용이다.

### 필요 자금 규모 및 사용 계획 명확히 하기
막연히 "대출 좀 해주세요"가 아니라, 정확한 금액과 용도를 정해

가야 한다. 예를 들어 "3개월 뒤 지급할 협력업체 대금 2억 원이 필요하며, 1년 후 매출대금 회수로 상환할 예정입니다"와 같이 구체적으로 설명할 수 있어야 한다.

### 회사 재무 현황 자료 준비

최근 재무제표 3년치, 현금흐름표, 주요 재무지표 등을 정리한 요약 자료를 가져가는 것이 좋다. 또한 현재 이용 중인 타 금융기관 대출 현황, 담보 목록, 보증 잔액 등도 미리 파악해야 한다. 상담 중 질문이 나오면 즉각 답할 수 있도록 숫자를 숙지한다.

### 사업 소개 자료 준비

우리 회사 사업 내용과 강점을 짧게 소개할 수 있는 기업 소개서나 제품 카탈로그 등을 준비하면 유용하다. 금융 담당자는 산업 전문가는 아니므로 쉽게 이해할 수 있는 자료여야 한다. 특히 정책자금 상담 시에는 회사의 기술력이나 성과를 어필할 수 있는 자료가 도움이 된다.

### 대표자 신용 관리

방문 전 대표이사 본인의 신용정보 조회를 한번 해보고(토스, 카카오뱅크 앱 등으로 개인 신용 점수 확인 가능), 이상이 없는지 점검한다. 모르는 사이 연체나 세금 미납이 있으면 큰 문제가 되니, 그런 부분은 사전에 해결하거나 해명 준비를 해야 한다.

### 질문 리스트 준비

상담 시 물어볼 사항을 미리 정리해간다. "한도는 최대 얼마까지 가능한가?", "금리는 어떻게 산정되는가?", "심사에 얼마나 걸리는가?", "필요서류는 무엇인가?" 등 처음에는 긴장해서 빠뜨릴 수 있으니 질문 리스트를 미리 준비해서 상담하며 하나씩 확인하는 것이 확실하다.

### 적절한 차림새와 태도

이는 체크리스트 항목과 다소 결이 다르지만 중요하다. 첫인상이 좋은 쪽이 협상에도 유리하다. 단정한 복장과 정중한 태도로 임하고, 시간 약속을 철저히 지키는 게 좋다. 특히 은행 지점장 등과 첫 대면이라면 회사 대표로서 신뢰감을 주는 모습이 필요하다.

### 필요시 컨설턴트 동행 고려

만약 내부 인력이 금융기관 대응에 익숙지 않다면, 전문가를 대동하는 것도 방법이다. 컨설턴트는 전문 용어와 논리를 보완해주고, 미처 생각지 못한 부분을 챙겨줄 수 있다. 다만 모든 상황에서 컨설턴트를 앞세우기보다는, 스스로도 기본 내용을 파악하고 있는 것이 중요하다.

# 자금 조달의
# 함정을 조심하라

자금 조달은 기업 경영의 혈맥과도 같다. 혈맥을 원활히 하기 위해서는 지식, 전략, 신뢰, 윤리 모든 것이 조화롭게 뒷받침되어야 한다. 필요한 때 필요한 자금을 끌어오고 현명하게 활용함으로써 기업을 한 단계 더 성장시키는 데 기여하기 바란다. 다음은 자금 조달 과정에서 반드시 피해야 할 함정과 주의점이다.

## 무리한 차입은 독이다

대출은 필요할 때 유익하지만, 과도한 부채는 기업의 목을 죄는 올가미가 될 수 있다. 특히 담보를 모두 제공하고 나서 추가로 고금리 대출까지 내는 상황은 매우 위험하다. 항상 적정 부채 비율과 이자 상환 능력을 염두에 두고, 버거운 수준의 차입은 애초에 하지 말아야 한다. "일단 받고 보자" 식의 접근은 금물이다.

## 단기 금융의 늪

카드론, 캐피털 대출, 사채 등 고금리 단기 금융에 손대는 순간부터 악순환이 시작될 수 있다. 가급적이면 은행권에서 해결하고, 부득이하게 대부업 자금을 썼다면 가장 우선적으로 대환을 추진해야 한다. 단기 자금일수록 연장 압박이 자주 오고, 연체되면 눈덩이처럼 불어나므로 조심해야 한다.

### 보증 및 담보 제공 신중

대표이사 개인 연대보증은 정책적으로 줄어드는 추세지만, 아직도 요구하는 곳이 있다. 보증을 설 때는 최악의 경우 개인 재산에도 영향이 온다는 점을 각오해야 한다. 또한 제3자 담보를 제공받거나 제공할 때는 분쟁의 소지가 크므로 신뢰 관계에서만 제한적으로 활용해야 한다. 회삿돈을 빌리는 데 친인척 개인 부동산 담보를 넣는다면, 훗날 책임 문제로 난감해질 수 있다.

### 윤리적 해이 경계

간혹 지원금을 유용하거나 대출금을 목적 외로 사용하여 문제가 되는 경우가 있다. 정부 지원금을 받았으면 정해진 용도에 맞게 써야 하고, 잔액이 남으면 반환하거나 추가 활용 승인을 받아야 한다. 꼬리표 달린 돈을 함부로 쓰다 적발되면 지원금 환수는 물론이고 형사 처벌까지 받을 수 있다. 기업의 평판도 치명상을 입게 된다. 금융기관 대출금도 도박이나 사치 등 기업과 무관한 곳에 사용하면 안 된다.

## 위기 징후 은폐 금지

자금 상황이 어려워지면 대개 숨기고 싶어진다. 그게 일반적인 사람 심리다. 하지만 그럴수록 더 투명하게 공개하고 도움을 청해야 살길이 열린다. 은행 눈치를 보느라 연체 사실을 숨긴다든지, 직원들에게 현금을 빌려 임시 변통을 한다든지 하는 임기응변은 결국 한계를 맞이한다.

차라리 금융기관에 당면한 어려움을 알리고 상환 유예나 추가 자금 지원을 요청하는 편이 낫다. 또한 컨설턴트나 멘토에게도 솔직히 상황을 털어놓고 조언을 구해야 정확한 처방이 나온다. 숨긴다고 문제가 사라지지 않으며, 오히려 신뢰만 깨뜨린다는 것을 명심해야 한다.

# 자금 컨설팅, 제대로 활용하면 기업의 미래가 바뀐다

## 자금 컨설턴트는 왜 중소기업에 더 필요할까

자금 컨설팅은 기업의 재무 상황을 종합적으로 분석하여 최적의 자금 조달 방법과 금융 전략을 제시하는 전문 서비스다. 과거에는 기업들이 자금이 필요하면 은행 대출이나 개인 보증에 의존하는 경우가 많았지만, 최근에는 다양한 금융 상품과 정부 지원제도가 생겨나면서 이를 전문적으로 안내하는 자금 컨설팅에 대한 수요가 높아지고 있다.

자금 컨설팅은 중소기업이 스스로 파악하기 힘든 금융 정보의 비대칭을 해소하고, 한정된 담보와 신용을 지렛대 삼아 최대한 유리한 조건으로 자금을 조달하게 함으로써, 기업의 안정성과 성장성을 높여준다.

### 자금 조달 용이성

잘 짜인 자금 조달 전략은 기업 성장의 추진력이 된다. 필요할 때 제때 자금을 수혈받지 못하면 성장 기회를 놓치거나 유동성 위기에 빠질 수 있다. 그런데 중소기업은 대기업에 비해 신용도나 담보력이 부족한 경우가 많아 자금 시장에서 불리한 위치에 서는 경우가 흔하다.

이때 자금 컨설팅은 중소기업의 이런 약점을 보완해주는 역할을 한다. 예를 들어 한 중소 제조업체가 급히 설비 투자를 해야 하는데 담보로 내세울 자산은 부족하고, 자체 신용도만으로는 은행 대출 한도가 낮을 수 있다. 자금 컨설턴트는 이러한 기업에 적합한 정책자금 대출이나 신용보증기금 연계를 제안할 수 있다. 정부나 공공기관에서 보증을 서주거나 낮은 금리로 대출해주는 프로그램을 활용하면, 담보력이 약한 기업도 필요한 자금을 마련할 수 있다.

기업의 재무 전문가가 아닌 경영자 입장에서는 금융권의 복잡한 상품 구조나 정부의 여러 가지 지원 프로그램을 제대로 파악하기 어렵다. 컨설턴트는 이러한 정보를 전문가 수준에서 제공하여, 경영자가 본업에 집중하면서도 최적의 재무 결정을 내릴 수 있도록 도와준다.

K전자는 기술개발로 사업 전망은 밝았지만, 은행권에서 자금을 충분히 조달하지 못해 성장이 정체되고 있었다. K전자의 CEO는 자금 컨설팅을 통해 회사가 정부의 기술개발 지원자금 대상에 해당됨을 알게 되었고, 컨설턴트의 도움으로 정책자금을 신청해 낮은 금리로 연구개발 자금을 확보했다. 그 결과 새로운 제품 개발에 성공했고 매출이 크게 상승하여, 이후에는 자체 신용으로도 추가 대출이 가능한 수준으로 신용도가 개선되었다. 전문가의 개입으로

숨어 있던 기회를 살려낸 경우이다.

### 절세로 내부자금 확보

세무적인 측면에서도 전문가의 조언이 큰 도움이 된다. 예컨대 가업 승계 시 적용받을 수 있는 가업 승계 세제 혜택이나 각종 투자 세액공제 등은 복잡한 요건이 따르지만, 컨설팅을 통해 미리 전략을 세우면 세금을 절약하여 내부자금을 확보하는 효과를 거둘 수 있다.

B업체는 잦은 단기 차입으로 인해 이자비용 부담이 큰 상황이었다. 컨설턴트는 재무제표를 분석한 뒤, B업체가 이용 중인 고금리 대출을 신용보증부 저금리 대출로 대환하도록 제안하였다. 컨설팅 조언에 따라 기존 대출을 상환하고 낮은 금리 상품으로 갈아타면서 연간 금융 비용을 크게 절감할 수 있었다.

### 컨설팅 활용 요령과 주의사항

제대로 된 컨설턴트는 기업 상황에 맞는 맞춤형 해법을 제시하여, 단순 비용 절감에서부터 사업 확장의 발판 마련까지 다양한 가치를 창출해준다. 또한 기업이 성장 단계별로 적절한 자금을 확보하도록 지원하여, 지속가능한 성장 기반을 마련해준다. 어떤 컨설턴트와 만나는지에 따라 기업의 미래가 바뀌기도 한다. 따라서 컨설턴트를 선정할 때는 다음과 같은 내용을 잘 살펴야 한다.

### 검증된 컨설턴트 선정

우선 믿을 만한 컨설팅 기관이나 전문가를 선택해야 한다. 경력, 성공 사례, 평판 등을 따져보고 결정한다. 정부 인증 컨설팅 기관(예 : 중진공 등에서 운영하는 컨설팅 풀)이나 주거래은행이 추천하는 컨설턴트라면 비교적 신뢰할 만하다. 무턱대고 광고만 보고 고용했다간, 실력 없는 컨설턴트에 의존해 시간과 돈을 낭비할 수 있다.

### 성과 보수 및 수수료 구조

컨설팅 비용은 계약 전에 명확히 협의한다. 통상 착수금＋성과보수 형태가 많은데, 착수금은 최소화하고 성과에 따라 보수를 지급하는 구조가 합리적이다. 정부지원금 컨설팅의 경우 성과급을 지원금의 일정 비율로 책정하기도 한다. 다만 지나치게 높은 성과보수를 요구하는 곳은 피하기 바란다. 예를 들어 지원금의 20~30%를 성과급으로 달라는 곳은 너무 과하다. 일반적 시세를 파악하고 협상해야 한다.

반면 지나치게 싼 곳도 조심해야 한다. R기업은 정부지원금 컨설팅을 의뢰한 업체가 부실해서, 작성된 신청서가 부처의 심사 기준에 전혀 안 맞아 탈락했던 일이 있었다. 이후 R기업은 신중히 알아봐서 해당 분야 전문가에게 재의뢰했고, 두 번째 도전에서 성공할 수 있었다. 이 일로 R기업 대표는 "싸다고 아무 데나 맡기지 말고, 우리도 내용을 충분히 숙지하고 컨설턴트와 소통해야 한다"라는 교훈을 얻었다고 한다.

### 과장된 약속 경계

"무조건 얼마를 받아주겠다", "100% 성공 보장" 등의 말을 하는 컨설턴트는 주의해야 한다. 자금 조달은 어디까지나 심사와 절차를 거쳐야 하는 것이지, 누구도 100% 장담할 수 없다. 실제로 불법 브로커들이 이런 식으로 장담하며 수수료를 챙기고 잠적하거나, 서류를 조작해주는 등 문제를 일으키기도 한다. 컨설턴트는 조력자일 뿐, 결과를 보장할 수는 없다는 점을 인식하고, 비현실적 약속을 하는 사람은 걸러야 한다.

### 투명한 정보 제공

컨설팅을 받을 때 우리 회사의 정보를 정확히 전달해야 올바른 컨설팅이 가능하다. 재무제표를 속이거나 문제점을 숨기면, 컨설턴트도 잘못된 전략을 세울 수밖에 없다. 컨설턴트와는 비밀유지계약(NDA, Non-Disclosure Agreement) 등을 맺고, 필요한 정보는 개방해 솔루션을 함께 찾아야 한다. 또한 진행 상황을 수시로 공유받고, 우리가 할 일(예 : 추가 자료 제공 등)을 제때 해야 한다.

### 최종 책임은 기업에 있다

컨설턴트가 도와준다고 해서, 잘못되면 책임을 떠넘길 수는 없다. 결국 계약서에 사인하고 돈을 갚는 것은 기업(대표)의 몫이다. 따라서 컨설턴트의 조언을 맹신하기보다는 스스로 판단하고 결정해야 한다. 예컨대 컨설턴트가 추천하는 대출 조건이 과연 우리에게 최적인지, 혹시 다른 대안은 없는지 등 항상 한 번 더 검토해야 한다.

중요한 의사결정은 반드시 CEO와 경영진이 관여해야 하며, 컨설턴트에게 업무를 위임하더라도 최종 확인 절차를 거쳐야 한다. 요컨대 컨설팅은 전문가의 지혜를 빌리는 것이지 모든 걸 맡기고 손 놓는 것이 아니다. 적극적으로 배우고 참여하는 자세로 임해야 컨설팅 효과를 극대화할 수 있다.

社長

# 당장 실행에 옮겨야 할 절세 액션

# 연말 결산, 준비하는 만큼 세금이 줄어든다

한 해의 사업을 마무리하는 연말 결산 시기가 다가오면 많은 중소기업 CEO들은 "올해 법인세를 얼마나 내야 할까? 지금 챙겨야 할 세무 정리가 남았을까?" 하는 고민에 빠지게 된다. 실제로 법인세 부담은 4분기 동안 CEO가 무엇을 얼마나 점검하고 조치하느냐에 따라 크게 달라질 수 있다.

12월 결산 법인이라면 4분기가 절세를 위한 마지막 골든 타임이다. 결산 전에 반드시 확인해야 할 주요 비용 항목들과 가지급금·가수금 같은 내부 거래 항목 정리 전략, 그리고 CEO가 바로 실천할 수 있는 구체적인 절세 액션 플랜까지 하나씩 짚어보겠다.

## 꼭 챙겨야 할 비용 항목

비용을 제대로 인정받지 못하면 그만큼 세금을 더 내게 된다. 지출했는데도 세법상 비용으로 인정되지 않으면(손금불산입), 법인세 절감 효과를 놓칠 뿐 아니라 경우에 따라 대표자에게 해당 금액이 상여로 소득처분되어 추가 소득세 부담까지 발생할 수 있다. 특히 대표이사 본인이나 특수관계인과 관련된 비용일수록 과세 관청의 시선이 더욱 엄격하다.

따라서 비용을 지출할 때 사전에 내부 지침을 정해두고, 지출 후에는 관련 증빙과 합리적 근거를 철저히 갖춰두는 것이 중요하다. 연말 결산을 앞두고 아래 주요 비용 항목들을 선제적으로 점검하면, 예상치 못한 세무 리스크를 미연에 방지할 수 있다.

다음 다섯 가지 비용 항목(접대비, 복리후생비, 인건비·퇴직금, 대표자 경비, 업무용 차량비)은 모두 결산 전에 철저히 관리해야 할 핵심 절세 포인트라 하겠다.

### 접대비

접대비는 사업을 하는 이상 반드시 발생하는 거래처 접대 및 대외활동 경비이다. 세법상 한도가 있어 그 한도 내 금액만 손금(비용)으로 인정되고, 초과한 접대비는 비용 불인정된다. 중소 법인의 접대비 한도는 일정 기준(매출액 규모 등)에 따라 계산되므로 결산 전에 우리 회사의 한도액과 사용액을 확인해야 한다.

접대비는 영수증 처리도 중요하다. 적격 증빙(세금계산서, 계산서, 신용카드 전표, 현금영수증 등)이 없다면 설령 지출했어도 비용 인정이 어려우며, 법인카드로 결제했더라도 영수증에 거래 상대방이나 목적 기재가 불명확하면 세무조사 시 해당 비용이 부인될 위험이 크다.

따라서 누구에게, 언제, 어디서, 어떤 목적으로 지출했는지를 내부 기록으로 남기고 증빙을 보관해야 한다.

한편 일부 회사에서는 법정 한도를 초과한 접대비를 아예 비용 계정에 넣지 않고 가지급금으로 처리해버리기도 한다. 그러나 이런 편법은 향후 대표자에 대한 상여처분과 인정이자 과세 등 더 큰 세금 문제로 이어질 수 있으므로 바람직하지 않다. 오히려 한도 초과분이 있더라도 정직하게 접대비로 계상하여 회사 차원의 법인세를 부담하는 편이 장기적으로 절세에 유리할 수 있다. 접대비는 연말에 반드시 점검해야 할 대표적인 항목이므로, 증빙 누락분은 없는지, 한도를 크게 넘어서진 않았는지 미리 살펴보기 바란다.

### 복리후생비

복리후생비는 직원 전체의 복지를 위한 비용을 말한다. 예를 들어 전 직원 회식비, 야유회·체육대회 경비, 명절 선물 비용 등은 직원 모두를 위한 지출이므로 통상 정상적인 복리후생비로 비용 인정된다. 하지만 대표이사나 그 일가족 등 특수관계인에게만 혜택이 돌아가는 복리후생비나, 사회 통념상 너무 과도한 복지 지출은 업무와 무관한 것으로 간주되어 비용 처리가 부인될 수 있다. 그렇게 되면 해당 비용에 대해 법인세가 추징되고, 경우에 따라 지급받은 개인(대표자)에게 상여 소득세가 부과될 수 있다.

따라서 복리후생비를 집행할 때도 업무 관련성이 분명하고 지출 수준이 합리적인지를 객관적으로 입증할 수 있어야 한다. 이를 위해 사전에 회사의 복리후생 관련 규정을 정비하고, 지출 시에는 행사 기획서, 참석자 명단, 내부 결재 문서, 사진 등 증빙 자료를 꼼꼼히 챙겨둬야 한다. 예를 들어 임직원 단합 야유회를 했다면 행사 안내문과 참석자 리스트, 사진 등을 확보해두면 해당 비용이 모두를 위한 복지 지출임을 뒷받침해 주게 된다.

또한 복리후생비와 접대비, 인건비 등의 계정 구분에도 유의해야 한다. 예컨대 직원들에게 지급한 경조사비나 선물은 복리후생비로 처리해야지 접대비나 급여로 잘못 분류하면 세무상 혼선을 초래할 수 있다. 회계 처리 단계부터 정확한 계정 분류를 하는 것 또한 중요한 포인트라 하겠다.

### 인건비·퇴직금

임직원 급여와 상여, 퇴직금 등 인건비 항목도 빠뜨리지 말아야 한다. 인건비는 제대로 지급하고 증빙해야만 비용으로 인정된다. 먼저 직원 급여의 경우, 실제로 지급되었거나 결산 시 지급 예정액이 명확해야 한다. 만약 가족 등에게 급여를 지급한다면 실제 근무 여부와 적정 수준의 급여인지도 살펴봐야 한다. 대표의 배우자나 자녀를 직원으로 올려놓고 일하지도 않는데 급여를 준다면 세무조사 시 문제가 될 수 있다.

상여금은 특히 연말에 많이 발생하는데, 결산 이전에 실제 지급이 되어야만 해당 연도의 비용으로 인정받는다. 연말 보너스를 지급하기로 했다면 반드시 12월 31일까지 계좌 이체 등으로 지급 완료하고, 그 내역을 급여대장에 기록해두기 바란다. 그렇지 않고 다음 해 1월에 지급하면 그건 다음 해의 비용이 되고 만다. 또한 직원 상여금을 지급했다면 원천징수세(소득세) 신고와 지방세(지방소득세) 납부도 잊지 말아야 한다.

퇴직금은 임직원에게 지급하는 중요한 장기급여이다. 법적으로 회사 내 규정(정관, 퇴직금 지급 규정 등)에 따라 산정 기준이 명확히 마련되고 근속연수에 맞게 계산되어야 한다. 만약 세법상 인정되는 한도를 초과하는 과도한 퇴직금을 지급하면 그 초과분은 비용 불인정 처리된다. 특히 임원이 받는 퇴직금의 경우 정관상 정해진 지급률을 지켜야 한다. 미리 정관과 규정을 손봐서 퇴직금 산정 기준이 정당한지 확인하고, 필요하다면 퇴직금 설계를 조정해야 한다. 인건비와 퇴직금은 법인세뿐 아니라 원천세, 소득세 등 다른 세목과도 연계되므로 세무 전반에 걸친 종합적인 관리가 필요하다. 결국 직원 급여·상여·퇴직금과 관련된 지급 내역을 결산 전에 최종 점검하고, 증빙서류(근로계약서, 급여명세서, 퇴직금 계산서 등)를 깔끔하게 갖추는 것이 절세의 기본이다.

### 대표자 경비

회삿돈이 대표자 개인의 생활비나 사적 비용으로 나갔다면 이것은 회사 비용으로 인정되지 않는다. 대표이사 개인 카드값을 법인이 대신 내준다거나, 법인 통장에서 대표 가족 여행 경비를 지출하는 식의 사례를 생각할 수 있다. 이런 비용은 업무 무관 경비로 보아 세무상 손금불산입(비용 불인정) 처리되며, 그 금액은 대표자에 대한 상여 처분으로 간주되어 대표자 개인에게 추가 소득세가 부과된다. 결국 회삿돈으로 개인 생활비를 쓴 만큼 두 배로 세금을 물게 되는 셈이다. 게다가 대표자 개인 유용은 법률적으로 횡령이나 배임 문제로 비화될 소지도 있으므로 반드시 주의해야 한다.

연말 결산 전에 대표자의 개인적 지출이 회사 비용으로 처리된 건이 없는지 면밀히 살펴보기 바란다. 법인카드 사용 내역을 점검하여 업무와 무관한 소비성 지출(예 : 가족 외식, 개인 취미, 자녀 학원비, 개인 여행 경비 등)이 있다면 즉시 정리해야 한다. 정리란 해당 금액을 대표이사 가지급금으로 계상하여 추후 대표가 반환하도록 하거나, 아니면 대표자 상여로 처리하여 그 금액에 대한 소득세를 납부하는 방법 등을 말한다. 어느 쪽이든 회계장부에 그냥 슬쩍 섞어 넘어가게 두면 절대 안 된다는 뜻이다.

예를 들어 회사 경비로 고가의 백화점 상품권을 구매했다면, 그 상품권이 실제로 전 직원 복지용으로 쓰였는지 아니면 대표나 특정인에게만 혜택이 돌아갔는지 명확히 해둬야 한다. 상품권은 흔히 개인이 가져가기도 쉬워 세무조사 시 요주의 대상이니 사용처와 증빙을 분명히 남겨둬야 한다. 대표자 개인 지출 문제는 세금 리스크뿐 아니라 기업윤리 이슈로도 번질 수 있는 만큼, 결산 전에 CFO나 세무 담당자와 함께 개인적 비용이 섞여 있지 않은지 특별 점검을 실시해야 한다.

## 업무용 차량비

사업자가 법인 명의로 승용차(승용차 리스·렌트 포함)를 구입하거나 임차하여 사용할 경우, 자동차 유지비 전액을 비용 처리하려면 엄격한 조건을 갖춰야 한다. 우선 세법에서는 업무용 승용차에 대해 연 800만 원의 감가상각비 한도를 두고 있다. 즉, 고가의 차량이라도 연간 감가상각으로 비용 처리할 수 있는 금액은 최대 800만 원이므로 차량 가격이 그보다 비싸면 초과분은 비용 인정이 안 된다(리스의 경우도 연간 리스료 중 일부만 비용 인정 가능).

또한 유류비, 보험료, 수리비 등 차량 유지비에 대해서도 전적으로 업무 용도로 사용되었음을 증빙해야 전액 비용 인정이 된다. 이를 위해 차량별 운행기록부를 작성해두는 것이 핵심인데, 운행기록부에 언제 어디로 누구와 무슨 목적으로 운행했는지 빠짐없이 적어놓아야 한다. 만약 운행기록을 작성하지 않거나 관리가 부실한 경우에는 세법상 일정 금액까지만 비용 인정되고(연 1,500만 원 한도) 그 이상은 비용 불인정된다.

예를 들어 회사 차량을 사업과 무관하게 대표자 개인용으로도 타면서 운행기록부를 작성하지 않았다면, 그 차량에 들어간 기름값, 보험료 등의 대부분은 비용 처리가 제한될 수 있다는 뜻이다. 나아가 대표자 개인 차량을 회사가 유지비를 부담하는 경우에는 업무 무관 경비로 보아 아예 손금불산입될 수도 있으니 주의해야 한다. 업무용 차량은 반드시 회사 업무에만 사용하는 것이 원칙이며, 부득이 개인 용도로 썼다면 그에 상응하는 비용을 사전에 사용자로

부터 받거나 사후에 상여 처리하여 정산하는 절차가 필요하다.

연말에는 업무용 차량별로 운행기록부 작성 상태를 점검하고, 혹시 기록이 부족하다면 누락된 운행 내역을 보완해야 한다. 그리고 1,500만 원 한도 초과 여부도 확인하여, 만약 비용이 많이 든 차량이라면 어떤 부분이 손금불산입될지 미리 예측해보는 게 좋다. 차량 관련 세무 관리는 최근 과세당국의 관심이 높은 영역인 만큼, 회사 차량 이용 실태와 비용처리 내역을 한 번 더 챙겨보기 바란다.

## 연말 결산 전에 정리해야 할 내부 항목들

재무제표상의 내부 거래 항목 중에서 절세와 직결되는 사항으로 가지급금과 가수금이 있다. 사업을 운영하다 보면 가지급금이나 가수금 같은 내부 채권·채무 항목이 발생하기도 한다. 연말 결산 전에 반드시 정리 여부를 검토해야 세무상 불이익을 피할 수 있다.

### 가지급금 – 대표가 빌려 쓴 회삿돈

가지급금이란 회사 장부에 잡혀 있는 돌려받지 못한 지급을 말한다. 주로 대표이사나 임원이 회삿돈을 개인적으로 사용하고 상환하지 않은 금액이 가지급금으로 계상된다. 예를 들어 대표가 회사 자금으로 급히 개인 용도의 지출을 하고 나중에 정산하지 않은 경우, 또는 거래와 관계없이 회삿돈을 인출해간 경우 등이 되겠다.

이러한 가지급금은 세무 리스크가 매우 큰 항목이다.

가지급금이 있으면 일단 그 자체로는 비용이 아니어서 법인세 절감에 아무 도움이 되지 않고, 오히려 세법상 인정이자를 계산하여 회사 이익에 강제로 산입해야 한다. 세법은 "회사가 대표에게 빌려준 돈에 대해 마땅히 이자를 받아야 한다"라고 보기 때문에, 이자가 실제로 없었어도 일정한 이자율로 계산한 이자수익을 회사 소득에 잡아 세금을 매긴다. 결국 돈도 못 돌려받고 세금까지 더 내는 이중 손해가 될 수 있다. 그뿐만 아니라 가지급금이 장기화되면 대표자에 대한 상여 처분으로 간주되어 대표자 개인에게 소득세 추징 가능성이 생기고, 회사 입장에서도 재무 건전성이 악화된다.

가지급금을 정리하는 가장 좋은 방법은 대표자가 그 금액을 회사에 반환하는 것이다. 가능한 한 현금으로 상환하면 깔끔하다. 현실적으로 당장 상환이 어렵다면 여러 대안을 고려해야 한다.

다음 표에서 제시된 방법이나 앞서 상세히 다루었던 가지급금 정리 방법을 활용하여 정리할 수 있다. 중요한 것은 우리 회사의 상황에 맞는 적법한 방법을 찾아 해결해야 하고, 더 이상 가지급금을 방치하지 말고 올해 안에 해소 계획을 세워 실행하는 것이다.

| 구분 | 대표적 방식 |
| --- | --- |
| 법인 원천소득 활용법 | 퇴직금, 배당소득, 급여 인상 등으로 정리 |
| 개인 재산 활용법 | 대표의 부동산, 주식(자기주식 포함), 보험, 산업재산권 등을 법인에 매각(주식 소각 포함)하면서 그 매각대금으로 정리 |
| 발생 원인 제거 | 증빙 갖추기, 회계상 오류 정리 등 |

## 가수금 – 대표가 회사에 빌려준 돈

가수금은 가지급금과 반대로 대표나 주주 등이 회사에 빌려준 금전을 말한다. 예를 들어 창업 초기 자금이 부족해 대표이사가 개인 돈을 회사에 넣었는데 아직 돌려받지 않은 경우, 회사 장부상 가수금(미지급금)으로 남아 있게 된다. 가수금은 회계상 부채이므로 회사 입장에서는 부채비율을 높이고 재무구조를 나쁘게 보이게 하는 요인이 된다.

세무 측면에서 가수금 자체가 가지급금처럼 직접적인 세금 추징 대상은 아니지만, 방치하면 여러 문제가 간접적으로 발생할 수 있다. 우선 가수금이 크면 회사 자본이 부족하다는 신호이므로 금융기관 신용도에 부정적 영향을 준다. 또한 상속·증여세 이슈와도 연관이 있다. 대표이사가 사망할 경우 가수금은 상속재산에 포함되어 상속세를 높이는 요인이 되기도 한다.

한편 가수금을 나중에 정리하면서 세무 이슈가 생길 수도 있다. 예를 들어 오랫동안 쌓인 가수금을 대표이사에게 일시에 돌려주면 그 해에 대표가 거액의 금융소득(이자)을 얻은 것으로 볼 여지가 있고, 반대로 가수금을 출자전환(채무를 자본으로 대체)할 경우 채권 포기 이익이 발생하여 회사에 법인세 과세 사유가 될 가능성도 있다(즉, 회사가 빚을 탕감받았으니 이익을 본 것으로 볼 수도 있다는 논리다).

따라서 가수금은 미리미리 정리 계획을 세워두는 것이 안전하다. 가장 기본은 회사 수익이 발생할 때 조금씩 돌려주는 방법이다. 올해 흑자가 나고 여유 자금이 있다면 일부라도 상환하여 가수금을 줄이기 바란다. 만약 당장 상환이 어렵다면 증자로 전환하여 아예 부채를 없애버리는 것도 고려할 수 있다.

이 경우 앞서 말한 증자 이익과세 이슈를 피하려면 증자 과정에서 기존 가수금을 현물출자 형식으로 처리하는 게 좋다. 혹시 가지급금과 가수금이 동시에 있는 경우에는 서로 상계해서 줄이는 방식도 생각해볼 수 있다. 예를 들어 대표가 회사에 빌려준 돈(가수금)도 있고, 회삿돈을 가져간 게 있으면(가지급금) 쌍방 채권·채무를 상계하면 간편하게 액수를 줄일 수 있다. 중요한 것은, 가수금 역시 장기간 방치하지 말고 기업 재무안정성을 위해 연말마다 잔액을 점검하고 정리 방안을 실행하는 것이다.

## 연말 결산 전에 실행해야 할 절세 액션 다섯 가지

지금까지 비용 항목과 내부 거래 항목 중심으로 절세 포인트를 살펴보았다. 마지막으로, 연말 결산 전 꼭 실행해야 할 절세 액션 다섯 가지를 정리해보았다. 이것들을 하나씩 체크하고 실행에 옮긴다면, 결산 시점에 당황하거나 급하게 세무조정할 일 없이 안정적으로 절세 목표를 달성할 수 있을 것이다. CEO 자신이 결산을 '사후 정산'이 아니라 '사전 조정'의 기회로 여기고 주도적으로 움직일 때, 같은 이익을 내고도 당연히 합법적으로 세금을 아끼는 결과를 가져올 수 있다.

## 세액공제·감면 항목 사전 점검

정부에서 제공하는 각종 조세 지원 혜택을 놓치지 말기 바란다. 예를 들어 고용을 늘린 기업에 주는 고용증대세액공제, 특정 업종 중소기업에 대한 특별세액감면, R&D(연구·인력개발) 세액공제, 설비 투자 세액공제 등이 있다. 해당될 만한 공제·감면 항목이 있다면 요건을 충족했는지 검토하고, 연말까지 추가로 채용하거나 설비를 구매하는 등 공제를 극대화할 전략을 세우기 바란다(참고로 투자세액공제의 경우 연말 이전에 장비를 실제 가동해야 당해 공제가 가능하니, 4분기 도입 장비의 사용개시 시점도 체크해야 한다). 각 세액공제 사항은 사전에 관련 서류 준비 및 세무 신고 계획까지 점검해두면 결산 때 당황하지 않게 된다.

## 대표자 급여 및 상여금 계획 점검

대표이사 본인의 연봉 설계는 법인세와 소득세에 모두 영향을 준다. 급여 수준이 지나치게 낮다면 회사 이익이 불필요하게 많이 남아 향후 배당 시 높은 세금을 부담할 수 있고, 반대로 너무 높다면 적정 범위를 초과한 금액이 손금불산입되어 법인세 부담이 될 수 있으니 합리적인 선을 설정해야 한다.

또한 올해 순이익이 예상보다 높다면 연말 성과급(보너스)을 대표나 임원에게 지급해 법인 이익을 적절히 분배하는 방안도 고려해보기 바란다. 단, 대표자 상여금을 주기로 결정했다면 12월 31일까지 실제 지급이 이뤄져야만 비용 인정된다는 점을 기억해야 한다.

아울러 임원 퇴직금 지급 규정도 한번 점검해두는 게 좋다. 대표자 퇴직금을 별도로 적립하거나 설계할 계획이 있다면, 퇴직금 규정을 정관 등에 명문화하고 근속연수 인정 범위 등을 미리 정해두어야 향후 퇴직 시 최저 세율로 퇴직소득세를 활용할 수 있다. 대표이사 보수와 상여, 퇴직금은 회사 재무와 CEO 개인 재무 모두에 직결되므로 내부 결재 서류와 급여대장을 정비하면서 전략적으로 관리해야 한다.

### 가지급금·가수금 정리 계획 수립

우선 우리 회사에 가지급금이나 가수금이 존재하는지 장부를 통해 정확히 파악한 뒤 금액과 발생 원인, 현재 회계 처리 상태를 확인한 뒤, 올해 안에 줄일 수 있는 방법을 결정한다.

가지급금이 있다면 대표자 상환, 상여 처리, 출자 전환 등의 여러 방법 중 현실적인 대안을 택해 실행해야 한다. 특히 다음해 초에 부과될 인정이자를 최소화하려면 적어도 연말까지 일부라도 상환하는 편이 좋다. 가수금의 경우도 현금 상환, 증자 전환 등으로 장기 미해결 상태를 해소하는 계획을 세워야 한다. 내부자금으로 즉시 상환이 어렵다면 단계적 정리 플랜을 마련하는 것이 중요하다. CEO 자신이 관심을 갖고 재무 담당자와 함께 실행 계획을 수립해야만, 이 숙제들이 해를 넘기지 않고 해결될 수 있다.

### 업무 무관 의심 비용 증빙 보강

경비 지출 내역 중 세무조사 시 문제가 될 만한 비용은 없는지 살펴보고, 있다면 증빙을 보강해야 한다. 특히 대표자와 관련된 소비성 비용(영화·공연 티켓, 가족 여행 경비, 자녀 교육비, 개인 보험 등)은 업무 무관 경비로 지적될 수 있으므로 혹시 회사 비용으로 처리되어 있지 않는지 점검해야 한다. 만약 있다면 개인 부담으로 전환하거나 가지급금 계상 등 조치를 취해야 한다.

또한 영수증에 거래처명이 없거나 사용처가 모호하게 찍힌 지출, 예컨대 주유소 영수증에 차량번호나 용도가 기재되지 않은 경우 등은 나중에 업무 관련성을 입증하기 어려우니 관련 메모나 증빙을 보충해두는 것이 좋다. 상품권 지출도 특정 직원이나 임원에게만 지급된 상품권은 급여로 간주되어 과세될 수 있기 때문에 반드시 사용처와 지급대상, 목적에 대한 기록을 남겨 정당한 복리후생 지급임을 설명할 자료를 마련해두어야 한다.

이러한 증빙 정리 작업은 '지금' 해야지, 결산 후나 내년 세무조사 통지 받고 시작하면 이미 늦다. 올 한 해 회사 비용 중 껄끄러운 내역이 있었다면 결산 전에 모두 소명자료를 갖춰두기 바란다.

### 매출·매입 누락 및 과대계상 사전 점검

재무제표의 가장 기본인 매출과 매입 부분도 꼼꼼히 살펴야 한다. 흔히 결산 후 감사나 세무 조정 단계에서 매출 누락이나 이중 계상 등의 오류가 발견되는데, 4분기 중에 미리 점검하면 그런 실수를 예방할 수 있다.

매출 관련해서는 혹시 빠뜨린 매출이 없는지, 혹은 같은 매출을 중복으로 잡은 건 없는지 확인해야 한다. 특히 현금 매출이나 특수 관계인과의 거래는 누락되거나 잘못 처리되기 쉬우니 유의하기 바란다. 필요한 경우 3분기까지의 누적 매출액과 현재까지의 수주 실적을 대조해보고, 연말까지 예상 매출을 다시 점검해보면 도움이 될 수 있다. 일부 기업의 경우 인도(납품) 시기에 따라 매출 인식 시점을 조정할 수 있다면(예 : 12월 말 인도 예정 물량을 1월 초로 미루는 등 합법적인 범위 내에서) 세금 부담을 완화할 여지도 있을 수 있다.

매입 분야도 마찬가지로 살펴봐야 한다. 누락된 매입은 없는지, 가결제(선지급)한 금액에 대한 물품이나 용역을 실제로 수령했는지 등을 확인해야 한다. 해외 거래처에 발주한 물품의 국내 인도 시기도 체크하여, 올해 받기로 한 것은 12월 31일까지 도착했는지 확인해야 한다. 왜냐하면 매입 또한 실제로 인도된 것만 비용 처리할 수 있기 때문이다.

마지막으로 재고자산이 있는 제조·도소매업의 경우 연말 재고 실사를 통해 장부와 재고 수량이 일치하는지, 불필요한 재고 폐기 손실을 반영할 건 없는지도 살펴보면 좋다. 이처럼 매출과 매입을 결산 전에 미리 한번 훑어보는 것만으로도 오류나 이상 징후를 조기에 발견하여 대응할 수 있다.

## 연말 결산 전 점검 사항 체크리스트

- **접대비** : 한도 초과분 발생 여부 확인 및 모든 지출에 적격 증빙

구비

- **복리후생비** : 직원 전체 대상의 비용인지 타당성 점검 및 행사 계획서·참석자 명단 등 증빙 확보
- **인건비·상여** : 미지급 급여나 성과급이 있다면 12월 31일까지 지급 완료, 원천세 신고 누락 없도록 처리
- **임원 퇴직금** : 정관 및 규정에 따른 퇴직금 산정 기준 확인, 필요 시 퇴직금 규정 정비
- **대표자 경비** : 법인카드 등으로 처리된 사적 지출 내역을 점검해 누락 시 즉시 정리(가지급금 계상 또는 반제 등)
- **업무용 차량** : 운행기록부 작성 여부 확인, 개인 사용분이 있으면 비용 처리 한도(1,500만 원) 초과 여부 검토
- **가지급금** : 잔액 및 발생 원인 파악, 대표자 상환 또는 상여·배당 처리, 증자 전환 등 정리 방안 실행
- **가수금** : 잔액 및 발생 시점 파악, 가용자금으로 상환 또는 증자 등으로 재무구조 개선
- **세액공제** : 적용 가능한 고용·투자·R&D 세액공제 요건 충족 여부 검토 및 관련 서류 준비
- **대표자 보수** : 매출액과 순이익 대비 대표 연봉 수준을 재검토해 지나치게 낮거나 높지 않은지 검토, 연말 상여 지급 여부도 확정, 임원 상여지급 규정 정비
- **증빙 정리** : 영수증 미비 또는 모호한 비용 내역 사전 정리, 특히 대표 관련 비용과 상품권 지급 등의 사용처 입증 자료 확보

- **매출·매입** : 매출 누락이나 이중계상 확인, 현금 매출·특수관계
  인 거래 점검, 4분기 구매 물품의 인도 시기 확인 및 재고자산
  실사 실시

모든 항목을 살펴보았다면, 이제 남은 것은 실천뿐이다. 바쁜 일정 중에도 위 체크리스트를 활용하여 하나씩 점검해보기 바란다. 결산 전에 미리 대비한 CEO와 그렇지 않은 CEO의 세금 부담 차이는 분명하게 드러날 것이다. 철저한 사전 준비로 합법적인 절세를 하고, 절약한 세금을 회사 성장과 직원 복지에 재투자하기 바란다. 준비된 CEO의 한 해 마무리는 세금에서도 빛을 발할 것이다!

# 절세는 물론 회사 가치도 높이는
# 이익금 환원 설계

## 회사는 부자인데 왜 CEO는 가난할까

중소기업 현장을 다녀보면 회사는 번듯하게 자기 건물도 있고 매출액도 큰데, CEO는 의외로 집 한 채만 달랑 가지고 있는 경우를 자주 보게 된다. 이익금 환원이 필요한 이유이다.

법인은 거래 상대방에게 재화와 용역을 제공하고 대가를 받는다. 이것이 법인 명의의 이익금이 되고 법인의 재산이 된다. 오너 CEO도 법인에 투자(주주)나 경영(CEO)을 하고 대가를 받는데, 법인

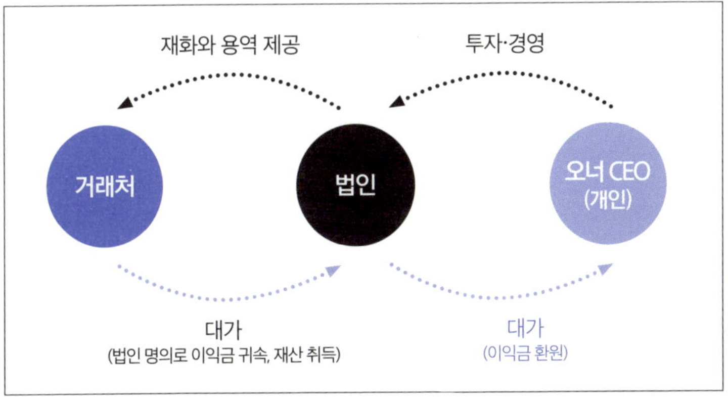

에 쌓인 이익잉여금 중 일부를 오너 CEO가 투자 및 경영의 대가로 환원해가는 것을 이익금 환원이라고 한다.

가난한 CEO가 되는 이유를 구체적으로 살펴보면 다음과 같다.

### 개인사업과 법인사업의 근본적인 차이

먼저 개인사업자의 법적 주체는 사업주 개인이지만, 법인의 사업상의 법적 주체는 법인 그 자체이지 CEO 개인이 아니다(법인은 별도의 법인격을 보유하므로 법인등록번호 존재).

사업 관련 재산의 소유라는 측면에서 보면, 개인사업의 각종 자산은 사업주 개인 명의 자산이다. 부동산, 사업용 계좌, 신용카드 등 모두 개인사업자 개인 명의의 재산이다. 그러나 법인의 경우에는 모두 법인 명의의 자산이다. 즉 법인의 주식이 오너의 소유이지, 법인의 소득과 재산 그 자체가 오너의 소유는 아니라는 말이다.

### 개인의 재무적 차원

생활비, 자녀에 대한 교육비, 주택 마련 자금, 노후 자금, 부모님 용돈 등의 개인 용도의 지출이나 모든 자산 취득과 소비를 법인 명의로만 할 수가 없다. 오너 CEO 개인 명의의 자산 취득과 소비를 위해서는 법인의 자금이 아닌 개인의 자금이 필요하다. 그래서 이익금 환원이 되지 않을 경우 부자 회사의 가난한 CEO가 될 수도 있는 것이다.

## 세무적 이유

우리나라는 부동산 취득이나 여러 가지 면에서 자금 출처 조사를 하고 있다. 부동산, 주식, 회원권을 포함한 재산 증가액과 신용카드나 해외 체류비 등을 포함한 소비 지출액의 합계가 신고한 소득 금액을 초과할 경우에는 세금 탈루 혐의로 조사를 한다. PCI 조사라는 것인데 합법적 이익 환원, 즉 신고 소득이 부족할 경우에는 개인 명의의 재산 취득과 소비 시 세무조사를 받을 수 있다.

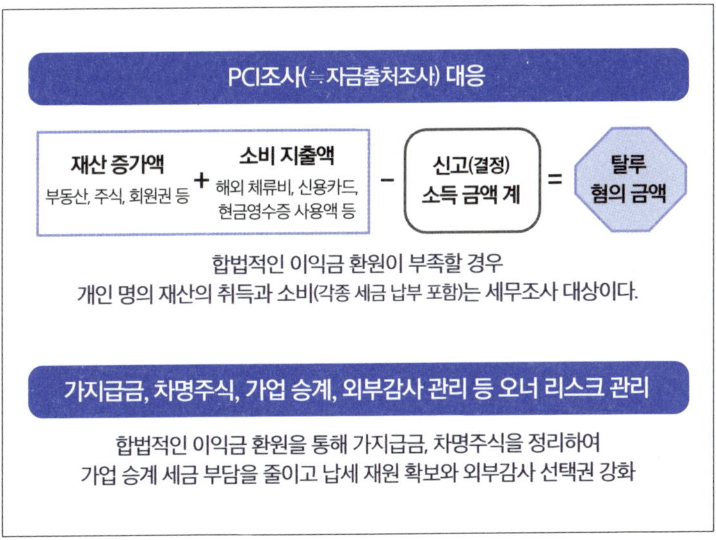


## 전략적 주식 가치 관리 차원

주식 가치는 순자산가치와 순손익가치의 합계로 정해지는데, 적정한 수준의 합법적인 이익 환원(보수와 배당 등)을 받지 않을 경우 기업의 세법상 주식 가치 평가가 과도하게 높아져 추후 주식 이동(가업 승계, 차등배당을 위한 지분 이동, 차명주식 정리 및 기타 사유) 시 세금 부담이 과도하게 높아진다.

## 법인이익금 환원 방법

중소기업 CEO들은 대부분 오너 들이다. 오너는 법인에 자본금을 투자한 대가(배당, 감자대가, 자기주식매각 / 소각 등)를 받을 수 있고, 이 대가에 대해 배당소득세나 양도소득세를 낸다. CEO는 법인을 경영하는 대가로 보수(근로소득, 퇴직소득)를 받고 이에 대한 세금을 낸다. 이를 이익금 환원의 주체와 회수 방법 그리고 세법에 따라 분류해 보면 아래 표와 같다.

| 회수 주체 | 회수 방법 | | 세법상 취급 | |
|---|---|---|---|---|
| | | | 법인세법 | 소득세법 |
| 임원 | 보수 | 급여/상여 | (요건 충족 시) 손비 인정 | 근로소득 |
| | | 퇴직금 | | 퇴직소득(단, 퇴직소득 한도 초과는 근로소득) |
| | | 유족보상금 | | |
| 주주 | 배당 | | 손금 불인정 | 배당소득 |
| | 감자/소각 | | | (의제)배당소득 |
| | 자기주식 | 소각 목적 | | |
| | | 보유 후 처분 목적 | | 양도소득 |
| 발명자 | 직무발명보상금 | | 손비 인정 | 근무 중 : 근로소득 (한도 내 비과세) |
| | | | | 퇴직 후 : 기타소득 |
| | 특허권 등 매매 | | 손비 인정(감가상각) | 기타소득(60% 비용) |
| | 특허권 등 임대차 | | 손비 인정 | 사업소득 |

## 이익금 환원 전략

합법적으로 절세하는 이익금 환원 전략으로는 소득 종류 분산, 소득 귀속 명의 분산, 소득 귀속 시기 분산, 기타 방법이 있다.

### 소득 종류 분산

법인 사업을 통하여 발생시킬 수 있는 소득의 종류를 분산시킴으로써 절세가 가능하다.

효과적인 소득 종류 분산 방법으로는 종합소득(근로소득, 배당소득) + 분류과세되는 소득(퇴직소득, 양도소득)으로 분산하는 방법, 종합소득(근로소득, 배당소득) + 분리과세 되는 소득(2천만 원 미만의 금융소득)으로 분산하는 방법, 종합소득(근로소득, 배당소득) + 필요경비 60%를 인정받는 기타소득(특허권, 영업권 등의 매각 등)으로 분산하는 방법, 종합소득(근로소득, 배당소득) + 비과세되는 소득(직무발명보상금, 유족보상금, 식대,

**효과적인 소득 종류 분산 전략**

1. 종합소득(근로소득, 배당소득) + 분류과세(퇴직소득, 양도소득)

2. 종합소득(근로소득, 배당소득) + 분리과세 소득(2천만 원 이하 금융소득, 농업회사법인 배당)

3. 종합소득(근로소득, 배당소득) + 필요경비 의제 기타소득(특허권, 영업권 등 매각)

4. 종합소득(근로소득, 배당소득) + 비과세소득(식대, 사내 근로복지기금, 유족보상금 등)

5. 종합소득(근로소득, 배당소득) + 증여 후 이익소각

사내근로복지기금 등)으로 분산하는 방법, 종합소득(근로소득, 배당소득) + 증여 후 이익소각 등 CEO 본인 1인의 소득도 소득 종류를 잘 분산시켜 환원하면 절세할 수 있다.

### 소득 귀속 명의 분산

법인 사업에서 발생하는 소득의 귀속 명의를 분산시킴으로써 절세가 가능하다. 실제로 법인에서 가족이 일을 하고 있다면 임원 등재 후 임원 보수와 임원 퇴직금과 유족보상금을 가져갈 수 있도록 설계하면 되고, 실제로 법인에서 일을 하지 않는 가족은 주주 등재 후에 차등배당 전략을 구사하여 이익금을 환원할 수 있다.

그리고 주주인 가족은 차등배당 및 자기주식 전략을 구사하면 효과적이다. 주주이면서 실제로 법인에서 근무 중인 가족은 임원등재후 임원 보수와 퇴직금과 유족 보상금 전략, 여기에 더해 차등배당과 자기주식 전략을 함께 활용해 절세 효과를 극대화하며 이익금 환원을 할 수 있다. 또한 특정법인(가족법인)을 활용한 법인차등

| 소득세는(인별 과세+누진세율) 구조로 법인에서 소득 귀속 명의 분산 | | | | |
|---|---|---|---|---|
| **1**<br>일하는<br>가족 | **2**<br>일하지 않는<br>가족 | **3**<br>주주<br>가족 | **4**<br>주주이고<br>일하는 가족 | **5**<br>가족<br>법인 |
| 임원 등재 후<br>임원의 보수와<br>임원퇴직금 전략<br>+유족보상금 | 주주 등재 후<br>차등배당 및<br>자기주식 전략<br>+각종 주식소각<br>전략 | 차등배당 및<br>자기주식 전략<br>+각종 주식소각<br>전략 | 1+3<br>전략 | 가족법인<br>차등배당, 가수금,<br>증여, 채무 면제<br>불균등 증·감자<br>전략 |

배당 전략을 활용한다면 최고의 이익금 환원과 절세의 방법이다.

### 소득 귀속 시기 분산

법인 사업에서 발생하는 소득의 귀속 시기를 분산시킴으로써 절세가 가능하다. 매년 적은 금액의 근로소득을 가져가다 특정 시점에 거액의 근로소득을 가져가는 것보다 매년 꾸준히 근로소득을 가져가는 것이 소득세 절세에 효과적이다. 소득은 특정 시점에 집중되기보다는 분산되는 것이 절세 효과가 좋다.

**법인에서 발생하는 소득 귀속 시기 분산으로 절세**

| 구분 | 1안 | | 2안 | |
|---|---|---|---|---|
| | 근로소득 | 세금 | 근로소득 | 세금 |
| 1년 치 | 0.5억 원 | 193만 원 | 1억 원 | 1,152만 원 |
| 2년 치 | 0.5억 원 | 193만 원 | 1억 원 | 1,152만 원 |
| 3년 치 | 0.5억 원 | 193만 원 | 1억 원 | 1,152만 원 |
| 4년 치 | 0.5억 원 | 193만 원 | 1억 원 | 1,152만 원 |
| 5년 치 | 3억 원 | 8,573만 원 | 1억 원 | 1,152만 원 |
| 합계 | 5억 원 | 9,345만 원 | 5억 원 | 5,760만 원 |
| 차액 | 1안보다 2안이 3,585만 원 더 절세 | | | |

※ 조건 : 비과세근로소득 있음, 사회보험료공제 500만 원, 근로소득세액공제 외 세액공제 60만 원

### 기타 제도와 공제 활용

세제 적격 연금저축과 퇴직연금을 추가납입(합산 연 700만 원 한도)을 추천한다. 노란우산공제도 활용하면 좋은 제도이다(소상공인 요건 충족 시 연간 최대 600만 원 한도). 신용카드 사용액 소득공제도 연간 300

만 원 한도로 활용할 수 있고, 보장성 보험의 경우 연간 100만 원 한도 내 소득공제가 가능하다. 또 근로소득에는 비과세 항목이 여럿 있다. 자가운전 보조금(월 20만 원 한도), 식대(월 20만 원 한도), 보육수당(월 10만 원 한도), 근로자 본인의 업무 관련 학자금 등의 비과세 규정도 활용하면 도움이 된다.

기타 자본준비금의 감액 배당을 활용한 배당소득 비과세나 증여재산 공제 등의 방법도 생각해볼 만한 효과적인 방법이다.

# 배당은 EXIT 전략의
# 핵심이다

절세의 가장 기본이 되는 것이 급여, 상여 디자인과 배당 전략인데 우리나라 CEO들은 이런 기본에 대해 제대로 알고 실행하는 분들이 참으로 적다. 배당은 단순히 '돈을 나누는 행위'가 아니라 오너의 리스크 관리와 EXIT(자산화) 전략의 핵심이다.

## 중소기업은 왜 배당을 꺼릴까?

다이어트와 배당에는 공통점이 있다. 다이어트를 결심한 사람 중에는 "언젠가는 해야지" 하면서도 막상 실행하지 못하는 경우가 많다. 중소기업에서 배당도 마찬가지이다. 예전과 달리 주위에서 많이 들어 필요성은 알고 있지만 실행은 미루게 되는 것이다. 절차도 복잡하고, 세금 부담도 크며, '지금 꼭 해야 하나?'라는 생각이 들기 때문이다. 하지만 다이어트를 미루다 건강을 잃듯, 배당 전략을 소홀히 하면 회사 자금이 묶이고 오너 리스크가 커져 결국 더 큰 비용을 치르게 된다.

많은 CEO들이 다음과 같은 이유로 배당을 주저한다.

- 소유와 경영 일치 문제 - 어차피 내 회사인데 굳이 배당을 왜?
- 법인에 넣은 돈을 다시 빼기 어려움
- 높은 소득세 부담
- 복잡한 절차와 세금 신고

배당을 제대로 활용하면 CEO의 리스크를 줄이고, 장기적으로 회사와 가정의 재무안정성을 확보할 수 있다. '배당은 회삿돈을 빼 쓰는 게 아니라, 오너의 자산을 합법적으로 되돌려받는 과정'임을 잊지 말고 상법상 적법한 절차를 잘 지켜 꾸준히 배당을 활용하기 바란다.

## 배당 전략

현행 세법(2025년 기준)에 맞춘 배당 전략은 다음과 같다.

- 저소득자·무소득자에게 배당하기 → 가족 중 소득이 없는 자녀, 배우자에게 배당을 배분해 소득세 절감
- 지속적으로 적정 금액 배당하기 → 매년 일정 금액을 배당하면 세무조사 리스크를 낮추고 신뢰성 확보
- 다수의 주주에게 분산 배당하기 → 집중된 세 부담 분산
- 가족법인 차등배당 활용하기 → 지분율과 무관하게 가족법인에 배당 차등 지급 가능

- 주식발행초과금 감액 배당하기 → 세 부담 없이 자본잉여금을 인출
- 명의신탁 해지 시 배당 활용하기 → 주주 구조 정리와 함께 배당을 통한 유동성 확보
- 법률 규정 준수하기 → 정관 규정·이사회 결의·배당 절차를 반드시 지켜야 리스크 최소화

## 배당 실행 절차

- 배당 시기 결정 - 정기배당(결산 후) 또는 중간배당(연 1회 제한)
- 이사회·주주총회 결의 - 정관 규정과 상법 요건 충족
- 세금 신고 및 원천징수 납부 - 소득세 원천징수 후 다음 달 10일까지 신고
- 배당금 지급 - 실제 계좌 이체를 통해 지급 완료

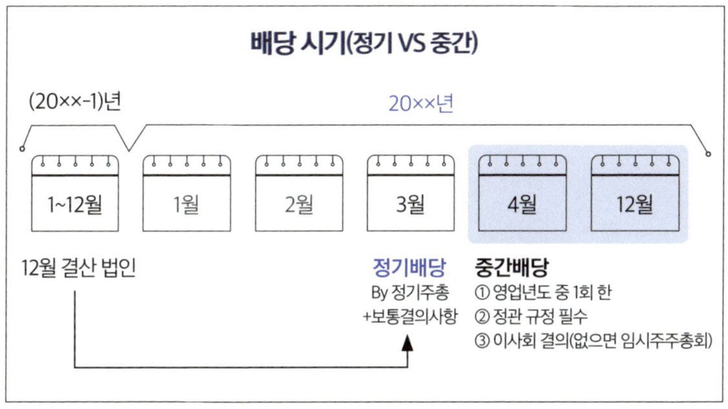

다음은 배당과 관련해 CEO들이 자주 묻는 질문들이다.


Q1. 배당을 하면 세무조사 위험이 커지지 않나요?

오히려 반대이다. 매년 투명하게 배당을 하면 비상식적인 자금 유출보다 세무 리스크가 줄어든다.

Q2. 배당 대신 급여를 인상하는 게 낫지 않나요?

급여는 필요경비로 인정되지만, 과다 인상 시 인정상여로 과세될 수 있다. 배당은 오너의 합법적인 자금 회수 수단이다.

Q3. 중간배당은 꼭 해야 하나요?

반드시 필요하지는 않지만, 자금 유동성이 필요할 때 세법이 허용하는 범위 내에서 적극 활용하는 것이 좋다.

# 이익소각으로
# 재무 리스크 해결하기

## 이익소각은 합법적인 절세 전략

이익소각은 회사가 미처분 이익잉여금(그동안 누적된 순이익)을 활용하여 자기 회사의 주식을 다시 매입하고 소각(없앰)하는 절차를 말한다. 이는 주주들에게 일종의 이익 환원 방법으로, 회사의 법정자본금(자본금 총액)은 줄이지 않으면서 발행 주식 수만 감소시키는 것이 특징이다. 쉽게 말해, 회사가 쌓아둔 돈으로 자기주식을 사들인 뒤 없애버림으로써, 남은 주식의 1주당 가치를 높이고(주식 수 감소 효과) 주주에게 그 대가를 지급하는 방법이다. 이러한 이익소각은 엄밀히 말하면 자본 감소의 한 형태이지만, 일반적인 감자(減資)와는 절차와 회계 처리 면에서 차이가 있다.

전통적인 감자는 회사의 자본금을 줄이는 것이지만, 이익소각은 자본금은 건드리지 않고 이익잉여금만 줄이는 방식이다. 즉, 감자를 할 때에는 주주총회의 특별결의와 채권자 보호 절차까지 거쳐야 하지만, 이익소각은 상법에 따라 정관에 규정만 되어 있다면 이사회 결의만으로도 실행할 수 있어 절차가 간소하고 빠르다. 이익 소각의 법적 근거는 상법 제343조에서 "정관의 정한 바에 따라 주주에게 배당할 이익으로 주식을 소각"할 수 있음을 규정하고 있다. 요약하면, 이익소각은 배당 가능한 이익(잔여 이익잉여금)을 활용 한 자기주식 소각으로, 법적으로 허용된 자본 거래 기법이며 중소기업에서도 활용이 늘고 있는 절세 전략이다.

## 이익소각의 법적 절차(상법에 따른 요건)

이익소각을 실행하려면 상법이 정한 자기주식 취득 및 소각 절차를 철저히 따라야 한다. 전반적인 절차는 다음과 같다.

### ① 정관 규정 및 이사회 결의

회사 정관에 "배당가능이익으로 자기주식을 취득·소각할 수 있다"는 규정이 있어야 한다. 이러한 정관 규정에 근거해 이사회에서 자기주식 취득을 결의한다(만약 정관에 관련 조항이 없다면 정관 변경을 위한 주주총회 결의가 선행되어야 한다). 이사회 결의에서는 취득 목적, 대상 주식 수, 기간, 방법, 가격 한도 등을 결정하게 된다.

### ② 자기주식의 매입

이사회 결의에 따라 회사가 대상 주주와 협의하여 자기주식 매매 계약을 체결하고 해당 주식을 매입한다. 이때 사용되는 재원은 반드시 배당가능이익(미처분 이익잉여금) 범위 이내여야 하며, 회사의 자금 유동성을 고려하여 지급한다. 상법상 자기주식 취득에는 일정 한도가 있으므로(자본 대비 일정 비율) 무리한 매입은 금물이다. 통상적으로 회사는 자기자본의 1/2 한도 내 등 법이 정한 범위에서만 자기주식을 취득할 수 있으므로 과도한 지분 취득은 위법 소지가 있다.

### ③ 주식 소각 결정

매입한 자기주식을 소각하기 위해 다시 한 번 이사회 결의를 진행한다. 이때 정관 규정상 이사회 권한으로 소각이 가능하면 이사회 결의만으로 충분하며, 상황에 따라 주주총회 승인이 요구될 수도 있다. 일반적으로 비상장 중소기업에서는 정관 규정에 따라 이사회에서 소각을 결정하는 경우가 많다. 이 결의에는 소각할 주식의 종류와 수, 소각일(효력발생일)을 명시한다.

### ④ 주식 소각 및 변경등기

결정된 날에 주식을 소각한다. 소각은 해당 주식의 주권(주식 증서)을 폐기하고 주주명부에서 삭제하는 방식으로 이루어진다. 발행주식 수는 줄어들지만, 앞서 언급했듯이 자본금 총액은 변동 없이 유지된다. 소각이 완료되면 법원 등기소에 변경등기를 통해 발행주식 수 감소 등을 신고해야 한다. 등기 신청 시에는 이사회 의사록, 주식 소각 확인서, 등기 신청서 등의 서류가 필요하다.

이상의 절차를 모두 적법하게 이행해야 이익소각이 유효하게 인정된다. 상법상의 절차를 어길 경우 소각 자체가 무효화되거나, 세무상으로 회사가 지급한 소각 대금을 '원인 없는 지출'로 간주하여 대표에 대한 가지급금으로 볼 위험이 있다. 따라서 전문 변호사나 등기 전문가의 도움을 받아 필요한 의사록 작성과 등기 절차를 진행하는 것이 좋다.

## 이익소각의 일반적 활용 방법

중소기업 CEO들이 절세 전략으로 이익소각을 활용할 때, 주로 두 가지 방법을 많이 사용한다.

### 배우자 증여 후 이익소각

가장 일반적인 방법은 주식을 배우자에게 미리 증여한 뒤 그 지분을 이익소각하는 것이다. 예를 들어 1인 소유 회사를 운영하는 A대표는 배우자에게 자신의 주식 일부(지분의 일부에 해당 하는 주식)를 약 6억 원어치 증여하였다(증여세법상 배우자에게는 10년간 6억 원까지 증여세 공제 가능). 그 결과 배우자가 받은 주식의 취득가액이 현재 시가로 올라갔다. 이후 회사가 해당 지분을 자기주식으로 시가에 매입 후 소각했으나 소각 대가와 취득가액의 차이가 거의 없으므로 배당소득에 대한 과세가 발생하지 않았다.

즉, 배우자에게 주식을 넘겨 주식의 장부가를 높인 뒤 그 가격으

로 회사가 다시 사들여 소각하므로, 주주 입장에서는 의제배당 소
득이 최소화되어 세금 부담이 크게 줄어든다. 이 방법은 현재 가장
널리 활용되는 방식으로, 주주(가족) 간 지분 이전을 활용하여 세법
상 합법적으로 과세를 피해가는 절세 테크닉이다.

### 액면가액 기준 이익소각

최근 주목받는 또 다른 방법은 '액면이익소각'이다. 이는 주식 1
주의 소각 내가를 시가가 아니라 액면가액(권면금액)으로 책정하여
자기주식을 취득·소각하는 것이다. 소각 대금을 매우 낮은 액면가
로 정하면, 주식을 판 주주에게는 양도가액 = 취득가액이 되어 의
제 배당소득세(배당소득 과세)가 발생하지 않는다. 또한 모든 주주가
균등한 비율로 액면가 소각에 참여한다면 주주 간 지분율 변동도
없어 증여세 문제도 발생하지 않는 장점이 있다.

액면이익소각의 핵심은 기존 주주의 지분을 제3자에게 증여하지
않고도 직접 소각에 참여하여, 세금 없이 회사 잉여금을 인출(Exit)
할 수 있다는 점이다. 다만 이 방법은 회사 자본금 규모가 충분히
큰 경우에만 실익이 있다. 예컨대 자본금이 5억 원으로 액면가가
높게 책정된 회사는 액면가액 소각을 통해 의미있는 금액을 인출
할 수 있지만, 자본금이 1억 원 정도로 작은 회사는 액면가(보통 1주
당 5천 원 등)가 시가에 비해 너무 낮아 효과가 제한된다.

실제로 건설업 등 법규상 최소자본금 요건으로 자본금이 큰 중소
기업이나 대표이사 가지급금 문제가 있는 기업에서 액면가 소각을

활용하면, 추가 세금 없이도 가지급금을 정리하는 등 큰 효과를 볼수 있다.

이 두 가지 방법 이외에도 주주 구성과 재무 상황에 따라 세부 설계가 달라질 수 있다. 예를 들어 모든 주주가 시가대로 균등 비율로 소각에 참여하는 방식도 있는데, 이 경우에도 소각 대가가 주식취득가를 초과하면 참여한 주주들에게 배당소득세가 과세될 수 있으므로 유의해야 한다. 반대로 일부 주주만 소각에 참여(불균등 소각)할 경우, 참여하지 않은 주주의 지분율 상승 부분이 증여로 간주되어 증여세 문제가 생길 수 있다. 따라서 전문가와 충분히 상의해소각 방식과 참여 주체를 결정하여 세무 리스크가 없도록 설계하는 것이 중요하다.

## 절세 효과와 재무 관리상의 장점

이익소각은 제대로 활용하면 여러 세제 혜택과 재무관리상 이점을 제공한다.

### 상속·증여세 절감 효과

비상장주식의 가치는 회사 순자산가치와 최근 수익가치를 기준으로 평가하는데, 이때 순자산가치를 낮추면 주식 평가액을 낮출수 있다. 이익소각을 통해 이익잉여금을 감소시키면 회사의 순자산(자본 총계)이 줄어들어 주식 평가액이 내려가고, 결과적으로 향후 상속세나 증여세 과세 때 과세가액을 줄이는 효과가 있다. 특히 부동산 보유 비중이 높아 순자산가치로 평가될 가능성이 큰 기업이나, 최근 3년 간 이익이 저조하여 자산가치 80%로 평가되는 기업일수록 이익소각으로 상속세 부담을 크게 줄일 수 있습니다.

### 가지급금 등 문제 정리

대표이사나 가족에게 기업이 빌려준 돈(가지급금)이 있는 경우, 이익소각을 활용해 이를 깔끔하게 해소할 수 있다. 예를 들어 회사가 대표에게 받아야 할 가지급금이 3억 원이라면, 이익소각을 통해 대표이사의 주식 일부를 3억 원에 매입·소각하고 그 대금을 가지급금 상환에 충당할 수 있다.

이렇게 하면 대표는 개인 자금 부담 없이 회사에 빚을 갚는 효과를 얻고, 회사 입장에서도 문제가 되는 가지급금을 제거하여 재무 건전성을 높일 수 있다. 이 과정에서 적법하게 진행하면 추가 세금 없이 가지급금 정리가 가능하기에, 세금 문제 없이 부채를 정리하는 수단으로 각광받고 있다.

### 유동자금 회수 및 주주 출구 전략

중소기업에 쌓여 있는 이익잉여금은 활용되지 않으면 과도한 사내유보로 지적될 수 있다. 이익소각은 이러한 누적 이익을 현금으로 주주에게 돌려주는 역할을 하므로 사내 유보금을 효율적으로 처분하는 방법이 된다. 현 경영진(주주 입장)에게는 배당이나 급여 외의 방법으로 회사 자금을 인출할 수 있는 유용한 수단이며, 특정 주주가 지분을 일부 처분하여 현금을 회수하는 출구전략으로도 활용된다. 예를 들어 은퇴를 앞둔 CEO가 이익소각을 통해 자신의 지분 일부를 현금화하면, 회사의 지배구조를 유지하면서도 필요한 자금을 마련할 수 있다.

### 배당 대비 세금상의 이점

이익소각으로 주주가 받는 금전은 세법상 배당소득으로 간주되지만, 일반 현금배당과 비교하면 세 부담이 낮거나 절세 여지가 있다. 이유는 주식의 취득가액만큼은 비과세로 취급되기 때문이다. 예컨대 현금배당으로 5억 원을 지급하면 전액에 대해 배당소득세 과세가 되지만, 이익소각으로 5억 원을 지급하면서 주주가 해당 주식 취득원가 2억 원을 갖고 있었다면 순이익 3억 원 부분에만 배당소득세가 과세된다. 또한 앞서 설명한 배우자 증여 등을 활용하면 의제배당 금액 자체를 줄여 세금을 대폭 절감할 수 있다. 그 결과 이익소각은 동일한 금액을 주주에게 지급하더라도 일반 배당보다 세후 실익이 큰 경우가 많다.

### 기업 재무구조 개선

불필요하게 쌓인 이익잉여금을 줄이면 자본 효율성이 높아지고, 잉여 현금을 적절히 주주에게 환원했다는 점에서 기업 거버넌스 측면의 신뢰도 제고 효과도 기대할 수 있다. 이익소각으로 발행주식 수가 감소하면 1주당 순이익(EPS)이나 순자산가치(BPS) 등의 지표가 개선되어 기업 가치를 보다 매력적으로 보이게 할 수도 있다. 특히 상장사의 경우 자사주 소각은 주가 부양에 긍정적이지만, 비상장 중소기업에도 유사 원리가 적용되어 남은 주주의 지분가치 상승 및 재무비율 개선에 도움이 될 수 있다. 다만 다음에 언급할 부채비율 문제는 함께 고려해야 한다.

## 유의해야 할 사항과 리스크

이익소각은 분명 매력적인 절세 수단이지만, 절차상 하자나 세법상 함정을 간과하면 오히려 불이익이 될 수 있다. CEO가 특히 유의해야 할 사항들은 다음과 같다.

### 절차 위반 시 소각 무효 및 과세 위험

이익소각은 반드시 상법상의 자기주식 취득·소각 절차를 준수해야 한다. 정관에 근거한 이사회 결의, 적법한 자기주식 매입, 등기 등의 과정을 하나라도 빼먹거나 잘못하면, 과세당국이 이를 인정하지 않을 수 있다. 예컨대 이사회 승인 없이 임의로 주식을 소각하거나 서류를 누락한 경우 해당 소각은 효력이 부인되어 회삿돈을 근거 없이 유출한 것으로 간주될 수 있다. 이 경우 회사가 지급한 돈이 대표에 대한 가지급금으로 처리되어 법인세나 추후 상속세 문제가 생기는 등 큰 불이익이 따른다. 따라서 전문가의 도움을 받아 모든 절차를 빠짐없이 이행하고 증빙을 남겨야 한다.

### 배당소득세 및 의제배당 문제

회사가 주식을 소각하면서 주주에게 지급한 대가는 세법상 배당으로 취급된다. 이를 '의제배당'이라고 하는데, 일반 소각의 경우 '소각대가-주식 취득가액'만큼이 배당소득으로 과세된다. 따라서 아무런 계획없이 이익소각을 하면 주주는 상당한 소득세 부담(배당소득세)을 질 수 있다. 이를 줄이기 위해 사전에 '배우자 증여' 등과 같은 주식의 취득가액을 높이는 작업을 하는 것이고, 액면가 소각 또한 이런 배당세를 없애기 위한 방법이다.

결국 절세 효과를 보려면 의제배당 과세 이슈를 어떻게 관리할지 사전에 전략을 세워야 한다. 특히 2025년부터는 특수관계자 간 증여 주식은 1년 이상 보유해야 취득가액 상승을 인정하므로, 배우자나 자녀에게 주식 증여 후 곧바로 소각하면 취득가액 인정이 안 되어 세금 문제가 발생할 수 있다(증여 후 최소 1년은 기다려야 안전).

### 불균등 소각에 따른 증여세 위험

한 명 또는 일부 주주만 주식을 소각하고 다른 주주는 소각에 참여하지 않으면, 참여하지 않은 주주의 지분율이 상대적으로 올라가게 된다. 세법(상속세 및 증여세법)에서는 이러한 지분율 증가분을 일종의 '증여'로 간주한다. 즉, 소각에 참여한 주주가 자신의 지분을 소각함으로써 남은 주주에게 이익을 몰아준 것으로 보고 증여세를 매길 수 있다는 것이다. 이를 방지하려면 가급적 모든 주주가 동일한 비율로 소각에 참여(균등 소각)하거나, 불가피하게 일부만 참여해야 한다면 전문가의 설계로 증여의제 이슈를 제거해야 한다. 예컨대 가족회사에서 대표이사만 지분을 소각해야 할 때는, 남은 가족 주주의 증여세 부담이 생기지 않도록 별도의 계약이나 주식 이동을 병행하는 등 꼼꼼한 설계를 요한다.

### 소각 대가와 시가의 차이에 대한 검토

비상장주식은 시장 가격이 명확하지 않으므로 주식 평가를 정확히 하는 것이 중요하다. 만약 소각 대가를 지나치게 낮게 또는 높게 책정하면 과세당국이 시가를 다시 평가하여 세금을 부과할 수 있다. 특히 부동산 자산이 많은 기업은 주식 가치 평가 시 감정평가가 필요할 정도로 복잡해졌으므로 최근 과세 관청의 평가 기준을 따라야 한다.

액면가 소각의 경우 회사 가치 대비 소각 가격이 매우 낮기 때문에, 앞서 언급한 증여세 이슈뿐 아니라 시가와의 차액에 대한 증여 추정 가능성도 염두에 두어야 한다. 따라서 공인된 평가 방법으로 주식 가치를 산정하고, 그에 맞춰 소각 대금을 설정해야 안전하다.

### 재무 구조 변화

이익소각으로 회사의 순자산이 감소하면 자본 총계가 줄어들어 부채비율이 상승할 수 있다. 부채비율 증가는 금융기관이나 거래처에 회사의 재무건전성이 악화된 것으로 보일 우려가 있고, 경우에 따라 신용등급이나 차입 조건에 영향을 줄 수 있다. 극단적으로 자본잠식에 가까운 기업이 큰 금액을 이익소각하면 채권자 보호에 문제가 생길 소지도 있으므로, 소각 후 재무비율(부채 비율, 유동 비율 등)을 시뮬레이션해 보고 결정해야 한다. 또한 소각으로 대규모 현금이 유출되므로 운영자금 유동성에도 문제가 없는지 확인해야 한다. 요컨대 세금만 보고 과도한 이익소각을 하면 재무안정성을 해칠 위험이 있으므로, 적정 규모를 판단하는 것이 중요하다.

### 세법상의 실질과세 원칙

과세당국은 기업의 거래가 형식적으로는 법을 지켰어도 경제적 실질이 조세회피라고 판단되면 실제 내용대로 과세할 수 있다. 이익소각 과정에서 배우자 증여나 특정 주주만 소각 등 절차를 밟았다 해도, 그 일련의 거래를 종합했을 때 오로지 세금 회피 목적의 가장 행위라고 보면 예상치 못한 세금이 부과될 수 있다. 다행히 최근 판례에서는 "순수한 절세 목적의 합법적 거래는 존중하되, 가장 행위에 해당하면 실질 과세한다"라는 입장을 보이고 있으므로, 명백히 법을 어긋나는 요소만 없다면 크게 걱정할 필요는 없다. 그럼에도 세무 전문가의 자문을 받아 해당 거래 구조에 문제 소지가 없는지 사전에 점검하는 것이 안전하다.

## 이익소각 활용 사례

이익소각이 현실에서 어떻게 활용되는지 두 가지 사례를 통해 살펴보겠다.

### 배우자 증여 후 소각으로 절세 성공

비상장 제조업체 A사는 오너 겸 대표이사인 김 대표가 지분 100%를 가진 1인 법인이다. 그동안 사업 호조로 미처분 이익잉여금 10억 원이 누적되었지만, 이를 함부로 배당하면 상당한 세금을 내야 하는 상황이었다. 김 대표는 절세를 위해 배우자에게 자신의 주식 일부(지분 30%)를 증여했고, 그 결과 배우자는 약 6억 원 상당의 지분을 확보했다(배우자 공제로 증여세는 없음). 배우자는 회사에 이 지분을 6억 원에 양도(자기주식 매각)하였고, A사는 이익소각 절차를 거쳐 해당 주식을 소각하였다. 이 과정에서 배우자의 주식 취득가액이 증여 시점의 시가(6억 원)로 높게 책정되어 있었으므로 소각 대금 6억 원이 취득가액과 일치해 과세될 배당소득이 발생하지 않았다.

결과적으로 김 대표 가족은 회사 자금 6억 원을 손에 쥐었지만 추가 세금은 없었고, A사의 이익잉여금은 10억 원에서 4억 원으로 감소해 향후 주식 가치가 낮아지는 효과도 얻었다. 이 사례에서처럼 '배우자 증여 + 이익소각' 조합을 쓰면, 가업 승계나 재산 이전 시 기업 가치 평가액을 낮추면서도 가족에게 세 부담 없이 현금을 이전할 수 있다.

## 액면이익소각으로 가지급금 정리

도소매업을 경영하는 B사는 자본금 5억 원(보통주 10만 주 발행, 1주 액면가 5,000원)으로 설립된 기업이다. 대표이사인 박 대표는 회삿돈을 개인적으로 사용한 가지급금 3억 원이 있었는데, 이를 상환하려면 개인 소득으로 3억 원을 벌어야 해 막대한 세금이 걱정이었다. 세무 컨설팅을 통해 박 대표는 액면이익소각을 활용하기로 했다.

B사는 정관 규정에 따라 이사회 결의 후 박 대표의 지분 일부를 1주당 5,000원(액면가)에 자기주식으로 매입하였다. 총 6만 주(액면총액 3억 원)에 해당하는 지분을 소각 대상으로 취득한 것이다. 이 가격(5,000원/주)은 애초 박 대표가 주식을 인수했던 가격과 동일하므로 박 대표에게는 주식 양도에 따른 이익(의제배당)이 전혀 발생하지 않았다. 회사는 박 대표에게 지급해야 할 소각 대금 3억 원을 가지급금 상환에 그대로 충당하여, 현금 유출 없이 장부상 가지급금을 소멸시켰다.

이로써 박 대표는 추가 세금 없이 개인 빚을 해결했고, 회사는 골칫거리였던 가지급금을 제거하여 재무제표를 개선하게 되었다. 다만 이 방식이 항상 가능한 것은 아니다. B사처럼 자본금이 큰 회사여야 액면가 소각으로 필요한 자금을 마련할 수 있다. 자본금 규모가 작으면 액면가 총액도 작으므로 충분한 금액의 소각이 어렵다. 액면이익소각으로 가지급금을 정리하는 방식은 자본금이 높은 기업(예 : 건설업 등)이나 액면가가 시가와 큰 차이가 없을 정도로 주식 가치가 낮은 기업에서 활용할 수 있는 전략이다.

# 가족법인(특정법인)을 활용한 절세 솔루션

중소기업을 운영하다 보면 세금 부담과 잉여금 누적이라는 두 가지 문제에 직면하게 된다.

첫째, 회사가 벌어들인 이익에 대해 법인세를 납부하고 나면 남은 돈(잉여금)을 오너가 가져갈 때 또 한 번 개인 소득세나 배당세를 내야 한다. 열심히 사업해서 이익을 냈는데, 정작 오너가 쓰려고 하면 세금을 이중으로 물게 되어 "돈은 회사에 있는데 내 돈 같지 않다"라는 푸념이 나오게 된다.

둘째, 세금을 아끼려 배당이나 보수를 미루다 보면 회사에 돈이 쌓여만 가고 이러지도 저러지도 못하는 잉여금 누적 상태가 된다. 이는 마치 체내에 지방이 계속 축적되는 상황과 비슷하다. 이러한 잉여금은 가만 놔둔다고 안전한 것도 아니다. 오너가 회삿돈을 개인 용도로 쓰면 흔히 '오너 리스크'라 불리는 문제가 발생하게 된다. 예를 들어 별다른 절차 없이 회삿돈을 빌려 썼다가(회계상 가지급금 처리) 추후 갚더라도 세무조사 시 횡령이나 배임으로 문제 삼을 수 있다. 또한 회사에 현금이 과다 누적되면, 상속·증여 단계에서 큰 세금 부담으로 돌아오거나, 세무조사의 표적이 될 가능성도 높아진다. 결국 '세금을 내고 가져오자니 아깝고, 그냥 두자니 불안한' 진퇴양난의 상황에 빠지는 것이다.

이러한 고민을 해결하기 위해 추천하는 세 가지 절세 전략이 있다. 바로 이익소각, 법인 차등 배당, 가족법인 활용이다. 각각의 방법은 중소기업이 합법적으로 세금을 줄이면서 잉여금을 활용할 수 있도록 고안된 것이다. 이익소각에 대해서는 앞서 살펴보았으니 법인 차등 배당과 가족법인(특정법인) 활용 절세 전략에 대해 살펴보겠다.

## 법인 차등 배당 전략

차등배당은 주식 지분율대로 똑같이 배당하지 않고, 특정 주주에게 더 많은 배당을 주는 것을 말한다. 예를 들어 오너가 배당을 일부러 포기하고 자녀에게 그 몫을 몰아주는 식이다. 과거에는 대주주의 소득세를 줄이고 특정 주주에게 부를 미리 이전(사전 증여)하는 절세 방법으로 활용되었지만, 2021년 세법 개정 이후로는 사정이 달라졌다. 부모가 자신의 배당을 포기해 자녀에게 얹어주는 경우, 이를 사실상 현금 증여와 같다고 판단해 소득세와 증여세를 부과하도록 변경된 것이다. 따라서 지금은 자녀에게 직접 차등배당을 해주는 것은 절세 효과가 없고 오히려 이중과세 부담만 질 뿐이다.

그러나 완전히 방법이 사라진 것은 아니다. 자녀가 주주로 있는 별도의 법인(가족법인)을 통해 차등배당을 하면 이야기가 달라진다. 부모인 오너는 배당을 포기하고, 그 몫을 자녀 법인이 받도록 하는 것이다. 이렇게 하면 받은 배당금은 자녀 법인에 속한 소득이 되는데, 법인세만 내면 되고 증여세는 과세되지 않는다. 법인 간 배당금 익금불산입 규정 덕분에 이중과세 문제가 해결되고, 법인세만 부과되는 구조가 된다. 특히 각 주주(여기서는 자녀 법인)가 받는 이익이 1인당 1억 원을 넘지 않으면 증여세 문제도 발생하지 않는다는 점이 핵심이다. 요컨대 법인을 끼운 차등배당은 여전히 합법적인 절세 전략으로 활용되고 있으며, 실제 많은 중소기업들이 잉여금 출구전략으로 검토하고 있다.

### 장점

법인 차등배당 전략의 가장 큰 장점은 높은 배당소득세율을 피하고 낮은 법인세율을 적용받을 수 있다는 것이다. 우리나라 개인 배당소득은 종합소득에 합산되면 최고 49.5% 세율까지 적용될 수 있지만, 법인이 배당을 받으면 일반 법인소득으로 처리되어 법인세 최고세율 27.5%만 부담하면 된다. 또한 자녀에게 재산을 미리 이전하는 효과도 있다. 부모가 직접 배당받아 증여하는 대신, 자녀가 지분을 가진 회사로 자금을 보내놓으면, 결과적으로 사업 자금을 자녀 세대로 이동시킬 수 있다. 이때 1억 원 이하의 적절한 규모로만 실행하면 증여세 부담 없이 진행할 수 있어 세법상의 허용 범위 내에서 합법적으로 부를 이전하는 셈이 된다. 나아가 가족법인에 쌓인 자금은 추후 사업 확대나 새로운 투자에 활용할 수도 있어 단순 절세 이상의 미래 대비 효과도 얻을 수 있다.

### 체크포인트

첫째, 차등배당의 법적 절차를 철저히 지켜야 한다. 대주주의 배당 포기 의사 표시, 정관에 차등 배당 허용 조항 유무, 주주총회 특별결의 등 상법과 세법 요건을 갖추는 것이 중요하다. 절차를 어기면 추후 분쟁이나 세금 문제가 생길 수 있으므로, 반드시 전문가와 상의해 적법하게 진행해야 한다.

둘째, 과도한 차등 배당은 피해야 한다. 한 회계연도에 특정 주주(가족법인)가 받는 배당이 너무 크면, 설령 법인이어도 사실상 증여로 판단될 위험이 있다. 앞서 언급한 1억 원 규칙은 암묵적인 가이드라인이므로, 무리하지 않고 분할하여 실행하는 지혜가 필요하다.

마지막으로, 이 전략은 법인 설립이 수반되므로 일정한 설립·유지 비용이 든다는 점도 고려해야 한다. 가족법인이 형식적으로만 존재하고 활용되지 않으면 오히려 관리 부담만 늘어나므로, 회사의 규모와 상황에 맞게 활용 여부를 결정해야 한다.

## 가족법인 활용 전략

최근 가장 핫한 절세 전략이다. 가족법인 활용 전략은 가족 구성원끼리 지분을 소유한 법인(특정법인)을 새로 설립하거나 활용하여

세 부담을 낮추는 방법이다. 왜 가족법인을 만들면 세금이 줄어들까? 이유는 개인과 법인의 세율 차이에 있다. 개인 소득은 많아질수록 최고 49.5%에 달하는 종합소득세율이 적용되지만, 법인세율은 최고 27.5% 수준으로 제한된다. 특히 고소득자일수록 이 격차가 크기 때문에, 소득을 법인으로 분산시키면 최대 20%p 이상의 세율 절감 효과를 볼 수 있다. 예를 들어 오너 개인에게 나올 소득 5억 원을 가족법인이 대신 벌게 하면, 개인으로 받을 때보다 1억 원 이상 세금을 아낄 수 있는 셈이다.

### 장점

가족법인을 활용한 대표적인 절세 기법 중 하나는 무이자 자금 대여이다. 가족 또는 오너 개인이 가족법인에 자금을 빌려줄 때 이자를 받지 않거나 낮게 받는 방식인데, 원칙적으로는 이런 경우 법인이 얻는 이익만큼 증여로 간주되어 증여세가 부과될 수 있다. 그러나 세법상 특수관계인 간 거래라도 주주가 얻는 이익이 연간 1억 원 미만이면 증여세 과세 대상에서 제외된다. 현재 세법 기준 적정 이자율(4.6%)로 계산하면 약 21억 7천만 원까지는 무이자로 빌려줘도 증여세 부담이 없다는 계산이 나온다.

이렇듯 가족법인을 활용하면 상당한 규모의 자금을 세금 없이 법인으로 이동시켜 운영할 수 있다. 가족법인이 그 자금으로 사업을 하거나 부동산·주식 등에 투자하면, 발생한 수익에 대해서도 법인세만 적용되므로 고율의 종합소득세를 피할 수 있다. 또한 가족 구성원들을 법인의 직원 또는 임원으로 참여시켜 급여나 상여의 형태로 소득을 분산하면, 합법적으로 가족 전체의 세금 부담을 평준화하는 효과도 기대할 수 있다. 요약하면, 가족법인은 개인보다 유리한 법인세율과 다양한 재무 전략을 활용해 종합소득세·건강보험료 등을 절감하고, 자산 운용 및 승계 계획을 세울 수 있는 플랫폼이 된다.

### 체크포인트

가족법인을 만들었다고 해서 회삿돈을 곧바로 내 돈처럼 써서는 절대 안 된다. 법인 통장을 가족의 용돈 계좌처럼 여기고 마음대로 인출하면, 추후 세무조사 시 문제가 발생한다. 회사에서 돈을 가져갈 때는 반드시 급여 지급, 배당 또는 공식적인 대여 등 명확한 사유와 절차가 있어야 한다. 만약 이유 없이 빼간 뒤 나중에 맞추는 식으로 처리하면, 가지급금 문제로 세법상 부당 행위로 보거나, 심지어 횡령·배임 등의 형사 이슈로 번질 수 있다.

경제성도 따져봐야 한다. 가족법인 설립과 유지에는 설립 비용, 회계·세무 처리 비용, 각종 보고 의무 이행 등이 수반된다. 절세 효과보다 이런 비용이 더 크지 않은지 계산해볼 필요가 있다. 세무당국도 최근 가족법인을 통한 절세 사례에 주목하고 있어 조사 가능성이 예전보다 높아진 추세이다. 따라서 가족법인을 운영할 때는 투명한 회계 처리와 철저한 자료 관리가 필수이다.

가족법인을 통한 절세 효과는 단기보다는 중장기적으로 나타나는 경우가 많다. 즉 당장 눈앞의 세금 몇 푼 아끼려는 목적보다는, 향후 자산을 증식하고 상속·증여를 계획하는 큰 그림 속에서 접근하는 것이 바람직하다.

## 적용 사례

### 가지급금 정리와 이익소각 병행

대표자가 회사에서 과도한 개인자금(가지급금)을 빌리거나 유용한 경우, 자기주식 소각을 통해 채무를 정리할 수 있다. 예를 들어 대표가 본인 명의 주식을 회사에 매각하여 확보한 현금으로 가지급금을 갚으면 증여세 과세 없이 채무가 감소한다. S대표는 은행 대출을 위해 가지급금을 낮춰야 할 때, 기업이 보유한 현금(또는 배당 가능잉여금)으로 자사주를 매입해 이를 소각해 일부 가지급금을 해결했다. 이 경우 S대표가 보유한 지분을 법인 자산으로 전환하고, 동시에 회사의 잉여금을 소진하므로 미처분이익잉여금도 감소시킨다. S대표는 주식 매각 대금으로 자기 채무를 상환받고, 법인은 자사주 소각으로 이익잉여금을 줄여 세 부담을 낮출 수 있었다.

### 명의신탁주식 상속과 자사주 소각 전략

부모 명의 주식을 자녀(명의신탁) 명의로 보유하다가 상속이 발생하면 세법상 부모 재산으로 포함된다. 이 경우 미리 가족법인을 활용해 해법을 찾을 수 있다. 즉, 자녀 명의 주식을 가족법인에 증여한 뒤, 가족법인이 해당 주식을 취득·소각하면 된다. 이렇게 하면 명의와 실질이 다르더라도, 가족법인을 거쳐 회사 잉여금을 활용하는 방식으로 과세 주체와 과세 구분을 바꿀 수 있다. 예를 들어 배우자나 자녀에게 증여한 주식을 회사가 매입·소각하여 이익잉여금을 환원하면, 상속세 또는 증여세 대신 법인세로 세 부담이 전환된다. 다만 실제 활용 시 자본거래 요건과 세법상의 명확한 평가 절차를 충족해야 하며, 명의신탁주식의 상속 문제는 집중적인 세무조사 대상이므로 세심한 검토가 필요하다.

## 개인 부동산의 법인 사업화 후 합병

개인 소유 부동산 임대업을 법인 사업으로 전환한 뒤 기존 법인과 합병하는 방식도 유력한 절세·승계 수단이다. 예를 들어 개인 임대부동산을 별도 법인에 현물출자하고(개인 → 법인 전환), 이를 기존 법인과 합병하면 자산을 회사로 통합할 수 있다. 이때 '중소기업 통합 특례'(조특법 제31조)를 적용하면 개인사업자 양도소득세를 이월과세로 전환할 수 있다. 즉, 개인이 보유 부동산을 법인으로 넘길 때 즉시 양도세 과세를 면제하고, 법인이 추후 이를 처분할 때 법인세로 과세하는 방식이다.

이를 통해 부동산 승계 시점의 자산 평가이익을 현행 양도소득세 대신 비교적 낮은 법인세로 이연 처리할 수 있다. 또한 통합된 법인은 대출·투자 유치 등에서 개인사업자보다 유리한 면모도 발휘한다.

### 특례 증여와 가족법인 활용 병행 전략

'가업 승계 증여세 과세특례'를 활용하면 중소·중견기업 주식에 대해 최대 10%의 낮은 증여세율을 적용받는다. 예컨대 10년 이상 가업을 이어온 60세 이상 기업주는 자녀에게 주식을 증여할 때 기본공제 확대 및 10% 세율을 받을 수 있다. 이러한 특례 증여로 자녀의 지분을 늘린 뒤, 개인 간과 가족법인 간 이익소각을 병행하면 효과가 극대화된다.

실제로 아들에게 주식을 특례 증여해 지분을 높인 뒤, 개인·가족법인 양쪽에서 주식을 소각하여 아버지의 남은 지분을 신속히 줄일 수 있다. 이후 남은 주식은 다른 주주와의 합병 등을 통해 추가로 희석할 수도 있다. 이를 통해 증여세를 낮게 내고, 법인 측면에서는 낮은 법인세율로 부를 이전하는 이중 절세 효과를 누릴 수 있다.

## 실무상 주의사항

### 회계 처리

가족법인과 기존 법인에서 회계 처리가 다르다. 예를 들어 가족법인이 4억 원 상당의 자기주식을 현물 출자 등으로 받으면 '유가증권 4억 원 / 자산수증이익 4억 원'으로 회계되어 약 4억 원분 법인세가 발생한다. 이후 가족법인이 이 주식을 소각하면 '현금 4억 원 / 유가증권 4억 원'으로 처리되며, 추가 세금은 없다. 반면 기존 법인은 증여 시 회계 처리가 없고, 소각 시 '자기주식 4억 원 / 현금 4억 원' 및 '이익잉여금 4억 원 / 자기주식 4억 원'으로 처리해 회사 이익잉여금을 줄인다. 이로써 부모 기업(기존 법인)에서는 현금 유출로 이익잉여금이 감소하고, 가족 법인에서는 법인세 납부만으로 자산이 이전되는 효과를 얻는다.

### 세금 납부 타이밍 비교

개인 간 증여 후 주식 소각의 경우, 증여세는 증여일로부터 3개월 이내에 납부해야 한다. 이에 비해 법인 간 증여 후 소각 시 발생하는 법인세는 익년도 3월 정기신고 때 납부 가능하므로, 증여 시점에 현금이 없어도 부담이 덜하다. 예를 들어 개인 증여 시에는 증여세 납부를 위해 곧바로 자금이 필요하나, 법인으로 주식을 증여하고 1년 뒤 소각하면 법인세 납부는 다음 회계연도로 연기된다.

### 정기보험 활용

가족법인이 확대될 때 경영인(오너) 명의의 정기보험(CEO보험) 상품을 연계하면 사망 등 리스크 관리와 절세 효과를 동시에 얻을 수 있다. 가족법인의 자산수증이익(증여받은 주식 가치)이 늘어날 경우, 경영인 보험을 활용하면 보험료가 법인 경비로 인정되어 세후 현금흐름을 개선할 수 있다. 이는 자산 취득에 따른 이익 증가분의 법인세 부담을 간접적으로 완화해줄 수 있는 기법이다.

### 의결권 위임 및 리스크 관리

가족법인의 주주가 자녀인 경우, 지분은 자녀에게 있으나 경영권을 부모가 유지하려면 자녀의 의결권을 위임받는 것이 바람직하다. 예를 들어 법인 경영진(부모)이 주주(자녀)의 주식에 대해 공증이나 신탁을 통해 의결권을 위임받으면, 자녀가 주주이더라도 의결권 행사는 부모가 하도록 할 수 있다. 이렇게 하면 가족 내 분쟁이나 불필요한 경영 리스크를 사전에 차단할 수 있다.

## 전문가와의 협업이 필요한 영역

가족법인 활용 절세 전략은 합법적이나 구조가 복잡하고 법적 요건을 충족해야 한다. 모든 과정은 세법·상법·증여세법 등의 검토가 필수이며, 경험이 풍부한 전문가의 협업하에 설계해야 한다. 국세청은 가족법인을 통한 고액 소득자 절세 수단을 집중 모니터링하므로, 법률 취지에 부합하지 않는 거래로 간주되면 오히려 개인 세율을 적용할 수 있다.

예컨대 시가보다 저가로 주식을 양도하거나 차명거래 사실이 적발되면, 법인 거래로 인정되지 않고 증여 취소 혹은 시가 과세로 처리될 위험이 있다. 특히 차명주식의 경우 가족법인에 증여·소각하였다 하더라도 거래가 명목일 뿐이라면 증여세가 과세될 수 있다.

가족법인(특정법인)과 이익소각 전략은 세율 차이를 이용해 중산층 경영자의 세부담을 획기적으로 낮추는 강력한 수단이 될 수 있다. 다만 이를 통해 얻는 절세 효과는 구조적 설계와 법규 준수가 전제되어야 한다. 따라서 사업 특성과 소유 구조를 면밀히 분석한 뒤, 세무·회계·법률 전문가의 협업을 통해 맞춤형 방안을 마련해야 한다. 철저한 리스크 관리를 병행하면서 전략을 실행하면, 가족법인은 가업 승계의 성공 열쇠이자 장기적 기업 성장의 발판이 되어 줄 것이다.

# 자기주식은 지속성장을 위한 강력한 무기다

기업을 둘러싼 세무 환경과 지배 구조 리스크는 점점 복잡해지고 있다. 이러한 흐름 속에서 중소기업 CEO가 반드시 이해해야 할 핵심 전략 중 하나가 '자기주식(Treasury Stock)'이다. 자기주식은 단순한 회계상의 숫자가 아닌, 절세와 경영권 방어, 나아가 기업의 지속가능성을 위한 핵심 자산이다.

## 자기주식 취득 요건

자기주식은 '회사가 자사의 주식을 다시 매입해 보유하는 주식'을 말한다. 과거에는 엄격히 금지되었으나, 2012년 상법 개정 이후 주주 평등의 원칙과 배당가능이익 범위 내에서라면 취득이 가능해졌다. 단, 다음 요건을 충족해야 한다.

- 주주 평등 원칙 : 모든 주주에게 동일한 조건의 매입 제시
- 자본건전성 확보 : 배당가능이익 범위 내에서 매입
- 공정한 시가 기준 : 특수관계자 거래 시 시가 기준 명확화 필요

## 자기주식의 특징



자기주식은 의결권이 없고, 배당권도 없고, 신주인수권이 없다. 기업 회계 기준상 특징으로는 자본조정 항목이며, 순자산의 마이너스(-) 항목이다.



① 개인 주주 입장

- 양도소득세 : 소각 이외의 목적(단순매매)일 때는 양도차익에 대해 양도소득세를 낸다.
- 배당소득(종합소득세) : 소각 목적일 경우 양도차익 상당액에 대해 배당소득세(의제배당)를 내야 한다.
- 증권거래세 : 소각 이외의 목적일 경우 양도가액에 대해 증권거래세를 내야 한다.
- 과세 귀속 시기 : 소각 이외의 목적인 경우에는 매매 시기에, 소각 목적인 경우에는 주식의 소각을 결정한 날(주주총의 결의일 등)이 과세 귀속 시기이다.

② 법인 입장

- 특수관계자인 개인주주로부터 시가보다 저가로 매입할 경우 그 차액에 대해서 익금산입하여 법인세를 과세함(무상 취득의 경

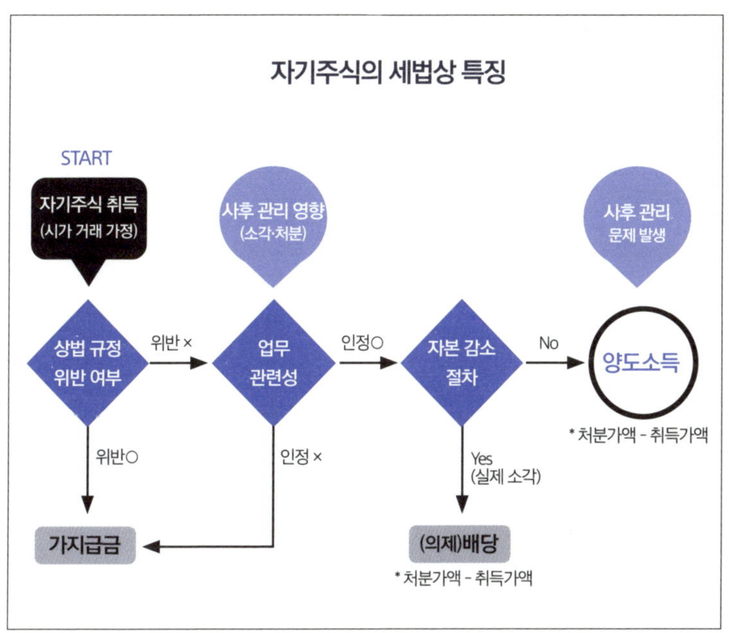



우 포함).

- 특수관계자인 주주로부터 고가로 매입할 경우 그 차액에 대해서 상여(또는 배당) 처리함.

## 소득세 등의 절세

- 분류과세
- 과세표준 3억 원 이하 20%, 3억 원 초과 25% 단일세율에 의한 과세
- 국민연금 및 건강보험 부과되지 않음.

- 처분 시 자기주식 처분 손실이 발생할 경우에는 법인세 절세 효과 있음.
- 소유권이 법인으로 이동하여 상속 대상 자산에서 제외(단, 보유 후 처분 목적의 자기주식은 상증세법상 사업 무관 자산임)되어 상속세 절세 가능함.

## 자기주식에 대한 오해

자기주식을 활용하여 해결할 수 있는 CEO 리스크는 매우 다양하다. 기업 현장에서는 가업 승계, 경영권 방어, 이익금 환원, 가지급금 상환, 명의신탁(차명주식) 회수, 비과세 상속재산, 임직원 보상재원 마련 등에 주로 사용된다.

자기주식에 대해서는 오랜 기간 적지않은 논란과 주장이 있어왔다. 제대로 잘만 활용하면 효과적인 방법이란 방증도 되겠고, 제대로 자기주식을 활용하지 않으면 위험이 있다는 말도 되겠다. 관련된 논란(오해)에 대해 설명해보겠다.

### 세율이 인상되어 더 이상 자기주식의 메리트가 없어졌다?

이 주장에 대해서는 메리트가 없어졌다는 표현보다는 소득세법의 개정으로 세율이 올라서 과거보다는 메리트가 조금 줄어들었다는 게 정확한 표현일 것이다.

중소기업 대주주의 주식 양도소득세가 2015년까지는 주식양도 차익의 10%(비중소기업은 20%)로 저율과세하였으나, 2016년 이후에는 자본 소득의 과세 형평성 제고라는 취지로 세법이 개정되어 중소기업 대주주의 주식 양도소득세율이 20%(3억 원 이하 20%, 3억 원 초과 25%)로 인상됨에 따라 과거보다는 장점이 줄었다고 할 수 있겠다.

그렇지만 현실적으로 20%대의 양도소득세율은 상여나 배당에 비하여 여전히 낮은 세율이고, 4대보험도 부과되지 않는 장점도 있으며 회사의 이익구조에도 영향을 미치지 않는다. 그리고 증여 후 자기주식 실행을 통해 실효 세율을 10% 미만으로 떨어뜨릴 수 있어 여전히 매력적인 솔루션임에 틀림없다.

### 자기주식 매입대금은 무조건 배당이다?

이 주장에 대한 정확한 답변은 자본 감소 절차의 일환으로 이루어진 자기주식 취득으로서, 실제로 주식을 소각해야 배당으로 과세할 수 있다. 단순한 주식 매매인 경우에는 양도소득으로 본다. 참고로 소득세법 시행령 제46조에 따르면 주식의 소각, 자본의 감소 또는 자본에의 전입을 결정한 날(이사회의 결의에 의하는 경우에는 상법 제461조 제3항의 규정에 의하여 정한 날을 말한다)이나 퇴사 또는 탈퇴한 날을 의제배당의 귀속 시기로 본다.

### 자기주식은 위험하다?

자기주식은 위험하고, 불법이고, 가지급금 처분을 받을 수 있으며, 자기주식을 실행하면 세무조사를 받는다는 주장이다. 이제는 실무적으로 많은 세무사들도 자기주식 취득에 대하여 인지하고 이해하고 있지만 불과 몇 년 전만 하더라도 이런 주장이 많았다. 정확한 법적 절차를 준수하여 적법한 목적으로 자기주식을 취득하는 행위는 합법이며, 가지급금도 아니고 기업이 원하는 목적에 활용하기에 최고의 솔루션이다.

### 자기주식은 취득 절차가 복잡하다?

당연하다. 어렵고 복잡한 작업임에 틀림이 없다. 상법상 지켜야 하는 자기주식의 실행절차를 준수하여 진행해야 한다. 주주들에게 자기주식 취득에 대해 매입통지서 발송기간을 14일 이상 준수해야 하고, 주식 양도 신청기간도 최소 20일 이상 부여해야 한다. 이런 상법상의 절차를 준수하지 않을 시 문제 소지가 된다.

## 리스크를 제거하고 성장 기반을 강화하는 강력한 카드

자기주식은 단순한 지분 조정 수단이 아니다. 세제 혜택, 리스크 대응, 경영권 방어 등 다양한 전략을 내포한 복합적인 경영 도구다. 특히 중소기업 CEO의 입장에서는 차명주식, 가지급금, 가업 상속 등의 민감한 사안에 실질적인 솔루션을 제공할 수 있는

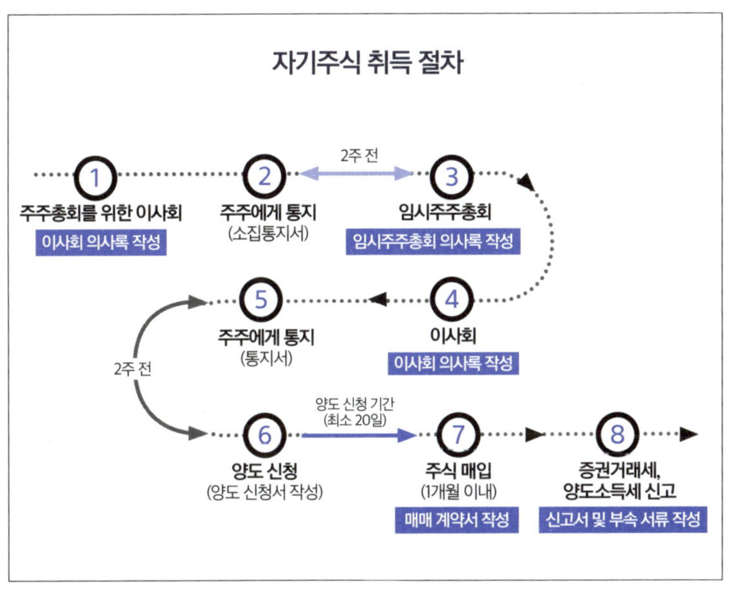


강력한 수단이 된다. 단, 복잡한 절차와 세무적 판단이 동반되므로 전문가와의 컨설팅을 통한 사전 검토와 시뮬레이션이 필수다. 모든 요소를 체계적으로 설계하고 실행한다면 자기주식은 기업의 리스크를 제거하고 성장 기반을 강화하는 가장 강력한 카드가 될 것이다.

자기주식 취득을 제대로 실행하지 못하면 세무조사에서 문제가 된다. 예를 들면 상법상 취득 절차를 위배해 가지급금으로 처리가 되거나, 특수관계자인 주주가 업무상 목적 없는 자기주식을 취득하는 경우에도 가지급금으로 처리된다. 전기말 배당 가능 이익을 초과한 자기주식 취득에 대하여는 이사에게 책임을 묻고, 세법상 정확한 시가평가가 이루어지지 않을 경우 시가 초과분에 대해서는 세무서에서는 상여 처분한다.

자기주식 취득 이후의 사후 관리도 늘 문제가 될 여지가 있는데, 취득 과정과 그 이후의 자금흐름에 대해서도 명확하게 정리가 되어야 하며, 명확한 취득 목적 없는 장기간 자기주식 보유도 논란의 소지가 될 수 있다.

# 기업의 경쟁력을 높이는
# 사내근로복지기금

　사내근로복지기금은 기업이 일정 금액의 이익을 별도의 기금으로 출연하여 근로자의 복지 향상을 위해 사용하는 제도를 말한다. 쉽게 말해, 회삿돈의 일부를 떼어 직원들을 위한 복지 '금고'를 만드는 것이다. 이 제도는 근로복지기본법 제50조를 근거로 하고 있으며, 기업이 기금을 설립하여 운영하려면 고용노동부의 인가를 받아 별도 법인(기금법인)을 세워야 한다.

　사내근로복지기금을 도입하면 직원들에게 지속적이고 독립적인 복지 혜택을 제공할 수 있다. 예를 들어 회사가 잘될 때 일시적으로 상여금을 주는 대신, 기금을 통해 장기적으로 직원들의 주거·교육·생활 안정을 지원하면 직원들의 실질적 소득이 증대되고 근로 의욕과 애사심이 높아지는 효과가 있다.

　이러한 긍정적 영향 때문에 정부도 다양한 세제 혜택을 부여하여 기업들의 참여를 유도하고 있다. 실제로 사내근로복지기금 제도는 20여 년 전부터 있었지만, 최근 들어 비용 효율성과 절세 효과가 부각되면서 중소기업에서도 관심이 급증하고 있다.

법적으로도 사내근로복지기금에 출연하는 금액은 기업의 비용(손비)으로 인정받도록 명시되어 있다. 2021년 이후 관련 세법 개정으로, 기업이 근로복지기금에 돈을 출연하면 그 금액은 법인세법 및 소득세법상 전액 필요경비(손금)로 인정된다. 이는 기업 입장에서 기금 출연액만큼 과세 소득을 줄여 법인세 부담을 경감할 수 있다는 뜻이 된다. 요약하면 근로복지기본법에 따른 기금에 출연하는 금액은 전액 비용처리가 가능하도록 법적 근거가 마련되어 있기에, 중소기업 CEO들도 안심하고 이 제도를 활용할 수 있다.

## 설립 절차와 운영 구조

사내근로복지기금은 한 번 설립하면 회사와는 별개의 기금법인으로 운영된다. 설립을 위해서는 사전에 노사 간 충분한 합의와 준비과정을 거쳐야 한다. 일반적인 설립 절차는 다음과 같다.

① **설립 합의 및 준비위원회 구성** : 회사 경영진과 직원 대표가 기금 설립에 합의하면, 우선 노사 공동으로 기금설립 준비위원회를 구성한다. 이 단계에서 기금을 어떻게 운영할지 큰 틀을 논의한다.

② **근로자 대표 선출** : 직원들 가운데 대표자를 선출하여 기금 설립과 운영에 직원 의견을 반영하도록 한다.

③ **정관 및 사업계획서 작성** : 기금의 운영 목적, 대상 복지사업, 조직 구성 등을 담은 정관을 작성한다. 아울러 1년 치 사업계획

서와 예산안을 마련하고, 초대 이사 및 감사(감독자)를 선임한
다. 이사와 감사에는 경영진 측과 직원 측 인사가 각각 참여하
여 투명한 운영을 도모한다.

④ **고용노동부 인가 신청** : 준비된 정관, 설립위원 명단, 사업계획
서, 출연금 계획 등 필요서류를 갖춰 관할 고용노동부 장관에
게 설립 인가를 신청한다. 정부가 정한 요건을 충족하면 설립
인가증이 발급된다.

⑤ **기금법인 설립등기** : 인가를 받은 후 법원에 법인 설립등기를 함
으로써 기금이 공식적인 법인으로 탄생한다. 이 때 법인의 명
칭, 소재지, 임원 등을 등기하게 된다.

⑥ **세무서 신고 및 계좌 개설** : 법인 설립 등기 후에는 관할 세무서에
신규 법인으로 설립 신고를 하고, 기금법인 명의의 별도 은행
계좌를 개설한다. 이 계좌로 회사가 약정한 금액을 출연금으
로 납입하면 기금 조성이 완료된다.

설립 이후의 운영 구조는 회사 내부 부서와는 별도로 움직인다.
기금법인은 자체 이사회나 운영위원회, 그리고 근로복지기금협의
회에 의해 관리된다. 근로복지기금협의회는 노사 각각 2인 이상,
10인 이하의 위원들로 구성되며 기금의 중요한 사항을 협의·의결
한다. 출연금 규모는 회사 상황에 맞게 결정하지만 통상 직전 연도
세전 순이익의 5% 정도를 기준으로 협의된다.

중요한 점은, 사내근로복지기금은 회사 자금을 일단 출연하면 다

시 회사로 회수할 수 없다는 것이다. 별도 법인계좌에 적립된 돈은 오직 정관에 정한 직원 복지 목적에만 써야 하며, 일반 경비처럼 자유롭게 사용할 수 없다. 따라서 초기부터 '이 돈은 온전히 직원 복지에 쓰겠다'는 각오로 운용해야 한다. 기금법인은 운영상 회사와 독립적이므로, 일정 주기마다 결산보고를 하고 관할 관청(고용노동부)에 운영 현황을 보고해야 할 수도 있다. 또한 기금법인 자체도 비영리법인으로서 세법상 의무를 이행해야 하므로(고유목적사업준비금 손금산입 등 활용 가능) 회계·세무 관리도 필요하다.

요약하면, 설립 절차는 다소 번거로워 보여도 차근차근 진행하면 된다. '노사 합의 → 정관 작성 → 정부 인가 → 법인 설립'이라는 큰 흐름만 이해하면, 두세 달 내에 기금을 출범시킬 수 있다. 설립 시에는 반드시 세무사와 노무사의 조언을 받아 관련 법령 요건을 충족하도록 해야 향후 운영상의 법적 리스크를 예방할 수 있다.

## 활용 방안 : 직원 복지, 세제 혜택, 인재 관리 측면

사내근로복지기금은 직원 복지 향상, 세제 혜택 확보, 인재 관리(유지·확보)라는 세 마리 토끼를 동시에 잡을 수 있는 수단이다. 각 측면에서의 활용 방안을 살펴보겠다.

### 직원 복지 측면

직원들의 실생활에 도움이 되는 다양한 복지 사업을 전개할 수 있다. 주택자금 지원이 대표적이다. 예를 들어 직원이 전세 자금이 부족할 때 기금에서 무이자 또는 저금리 대출을 해줄 수 있다. 또 직원 자녀의 학자금, 본인의 직업훈련비나 생활안정자금을 지원할 수도 있다. 경조사 발생 시 경조금 지원이나, 직원들의 의료비 지원, 재난 시 재난구호금 지급 등도 가능하며, 회사 차원에서 문화 활동이나 체육 활동 지원을 기금으로 진행할 수도 있다.

여력이 된다면 기숙사, 사내 식당, 보육 시설, 휴양 시설 등 복지 시설의 설치·운영에도 기금을 활용할 수 있다. 중소 제조업의 경우 교대제 근로자들을 위한 기숙사 운영, 원거리 통근 직원을 위한 사택 제공 등에 기금을 쓴 사례도 있다.

이처럼 기금으로 제공하는 복지 혜택은 직원들의 생활 안정을 직접적으로 돕고 만족도를 높여준다. 직원들은 회사가 단순히 월급만 주는 것이 아니라 본인과 가족의 복지를 챙겨준다고 느끼면서 기업에 대한 충성도와 애사심이 높아지게 된다.

### 세제 혜택 측면

사내근로복지기금은 강력한 절세 수단이 된다. 가장 큰 혜택은 앞서 언급했듯 출연금의 100% 비용 처리이다. 예를 들어 회사가 올해 이익 중 1억 원을 기금으로 출연했다면 그 1억 원은 전액 법인세 과세소득에서 빠지므로 법인세를 그만큼 절감할 수 있다. 이는 일반적인 기부금과 달리 한도 제한 없이 전액 손비 인정된다는 점에서 파격적이다.

또한 기업 입장에서 기금에 돈을 넣으면 그 돈으로 직원 복지를 해도 퇴직금 적립 부담이 늘지 않는다. 왜냐하면 기금에서 지급된 혜택은 직원의 '임금'이 아니므로 퇴직금 산정 시 포함되지 않기 때문이다. 마찬가지로 4대 보험료(국민연금, 건강보험, 산재보험, 고용보험) 부담금도 늘어나지 않는다. 상여금으로 지급했더라면 회사가 추가로 부담해야 할 4대 보험료 약 9%와 퇴직금 적립금 약 9% 등 총 18% 상당의 추가 비용을 절약하는 셈이다. 실제로 '직원에게 100만 원을 복지기금으로 지급하면 별도 비용이 없지만, 같은 100만 원을 현금 보너스로 주면 회사는 추가로 약 18만 원을 보험료 등으로 부담해야 한다'는 계산이 나온다.

기금 활용의 세제상 이점은 이뿐만이 아니다. 기금에 출연된 재산에 대해서는 상속세나 증여세도 비과세된다. 예를 들어 어떤 대주주가 자신의 주식을 사내근로복지기금에 유증(유언 기부)하면 그 재산은 상속세 과세대상에서 제외되어 상속세를 줄일 수 있다. CEO 입장에서는 골치 아픈 가지급금, 미처분이익잉여금, 자사주 등의 재무 문제를 해결하는 데에도 복지기금이 활용될 수 있다. 가령 회사가 쌓아둔 유휴자금을 기금으로 돌리면, 그 돈으로 직원 복지를 하면서도 기업 재무제표상 위험 요인을 정리할 수 있다는 것이다. 또한 기금을 설립하고 노동부 인가를 받을 때 지방세인 등록면허세가 면제되는 등 부수적인 세제 혜택들도 있다.

한편 직원 개인의 세부담 측면에서도 혜택이 크다. 직원이 복지기금으로부터 받는 금품은 근로소득이 아니므로 소득세가 과세되지 않는다. 예컨대 기금에서 500만 원의 학자금을 지원받았다면, 이는 월급이 아니기 때문에 그 직원의 소득세가 늘어나지 않는다. 다만 지나치게 큰 금액(예 : 연 1천만 원 초과 무상 대여 등)은 증여로 간주될 수 있으므로 법에서 정한 비과세 한도 내에서 지급해야 한다.

### 인재 관리 측면

직원들의 회사 만족도와 귀속감을 높여 인재 관리에 큰 도움을 준다. 연봉 인상 외에 추가로 복지 혜택을 받을 수 있다는 점은 특히 젊은 세대 직원들의 마음을 끌 수 있다.

실제로 MZ세대는 직장을 선택할 때 임금만큼 복지를 중시하는데, 중소기업은 대기업만큼 복지를 제공하기 어려운 한계가 있다. 사내근로복지기금은 이러한 딜레마를 풀어주는 획기적인 수단이 된다. 기금을 통해 중소기업도 기업 규모에 맞는 맞춤 복지제도를 갖추면 우수한 인재가 '복지가 좋은 회사'라는 이유로 입사를 선택하거나 회사를 떠나지 않게 되는 효과를 기대할 수 있다. 중소 제조업의 경우에도 숙련 기술 인력을 붙잡는 것이 중요한데, 복지기금을 통해 직원들의 장기 근속을 유도하고 회사에 대한 자부심을 심어줄 수 있다.

그리고 기업 내 소통과 신뢰 문화 형성에도 도움이 된다. 기금 사용을 논의하는 과정에서 노사 협력이 증진되고, 투명한 복지 운영은 경영진에 대한 직원들의 신뢰를 높이는 계기가 된다. 이렇듯 사내근로복지기금은 중소기업이 제한된 자원으로 최대의 직원 만족도를 끌어내는 전략적 도구가 될 수 있다는 점에서 큰 가치가 있다.

## 세무상 유의사항 및 리스크 관리 포인트

사내근로복지기금은 분명 매력적인 제도지만, 도입 전후에 주의해야 할 세무·법률적 사항과 잠재 리스크가 있다. 중소기업 CEO는 다음 포인트를 유념해야 한다.

### 첫째, 기금에 출연한 자금은 회수가 불가능하다

기금으로 돈을 넣었다가 회사가 어려워졌다고 빼올 수 있는 게 아니다. 법적으로 기금 재산은 오로지 근로자 복지 목적으로만 써야 하고, 다른 용도로 전용하면 관련 법 위반이 된다. 따라서 섣불리 큰 금액을 출연했다가 정작 활용하지 못하고 묶어버리면 회사 자금 운용에 부담이 될 수 있다. 기금을 한 번 설립하면 해산도 쉽지 않기 때문에(해산하려면 고용노동부 승인 등 별도 절차 필요) 처음부터 회사의 복지 수요와 재무상황을 따져 적정 규모로 운용해야 한다.

### 둘째, 사내근로복지기금은 노무 관리 측면의 규제도 받는다

근로복지기금이라는 이름처럼 이 제도는 근로자 복지에 관한 것이므로, 기금 운영이 근로기준법이나 노조법 등 노동관계 법령의 지도·감독을 받는다. 예컨대 기금으로 지급하는 혜택이 실은 임금 성격이라면 임금채권으로 볼 여지가 있고, 복지 혜택의 대상 선정이 불공정하다면 노무 이슈가 생길 수 있다.

따라서 세무 처리뿐만 아니라 노무 관리까지 함께 신경써야 하므로, 노무사와 세무사의 공동 컨설팅을 받는 것이 권장된다. 노사가 함께 참여하는 복지기금협의회 운영을 투명하게 하고, 정관에 명시된 용도대로 공정하게 혜택을 집행하는 내부 통제가 필요하다.

### 셋째, 제도 도입 목적을 분명히 해야 한다

기금을 만들 때 흔히 "절세에 좋다"라는 말만 믿고 도입하는 경우가 있는데, 구체적인 직원 복지 계획 없이 세금만 줄이려 하면 실패할 수 있다. 막상 만들어놓고 보니 돈은 묶이고 직원 복지 활용은 제한되어 애물단지로 전락할 위험이 있다.

반드시 사전에 직원들의 복지 수요를 파악하고 그에 맞는 사업 계획을 세워야 한다. 예를 들어 직원 대다수가 젊고 미혼인데, 기금으로 주택자금 대출만 계획해놓으면 활용이 저조하게 된다. 회사 현실에 맞는 복지 메뉴를 준비해야 기금이 제대로 쓰이고 보람도 얻을 수 있다.

### 넷째, 지속적인 법규 준수와 리스크 관리가 필요하다

기금 설립 후에는 정관에서 정한 범위 내에서만 운용해야 하고, 정해진 항목 이외의 지출을 할 수 없다. 만약 기금을 임의로 유용하거나, 복지기금을 가장하여 특정 임원이나 일부 직원에게만 혜택을 몰아주면 세무상 문제가 될 수 있다. 국세청은 기금이 실제

복지 목적에 맞게 쓰였는지 볼 수 있고, 부당한 경우 비용 인정을 안 해줄 수도 있다. 또 기금법인이 투명하게 운영되지 않으면 직원들의 불신을 사 노사 관계에 오히려 부정적 영향을 줄 수 있다.

그러므로 매년 기금 운영 결과를 공개하고, 회계감사를 받는 등 투명성을 유지해야 한다. 필요하다면 성공적으로 운영 중인 다른 기업 사례를 참고하여 벤치마킹과 위험 대비를 하는 것도 좋다. 요컨대 사내근로복지기금은 준비 단계부터 운영까지 전문가의 도움과 철저한 계획 수립이 필수이다. 세무적으로도 적법하게 처리하고, 노무적으로도 정당하게 관리하여 기금이 회사의 전략적 자산으로 기능하도록 해야 한다.

## 성공적인 운영 사례 및 시사점

사내근로복지기금을 통해 실제 혜택을 본 네 군데 기업의 사례를 한 번 살펴보겠다.

### 직원 복지 향상으로 인재 유지

수도권의 한 바이오 기업 L사는 기존에 직원들에게 전세자금 대출, 자녀 학자금 지원, 경조금 지급 등을 해오다가 사내근로복지기금을 공식 도입했다. 그 결과, 직원들의 주거 안정과 자기계발 지원이 체계화되었고, 회사에 대한 만족도가 높아져 핵심 인재들의 이직률이 크게 낮아졌다. 복지 혜택이 좋아졌다는 입소문을 듣고

유망 인재들이 입사를 희망하는 등 채용 경쟁력도 향상되는 효과를 보았다. 이 사례는 중소기업도 맞춤 복지제도를 갖추면 우수 인재를 붙잡을 수 있음을 보여준다.

### 세무 전략과 복지의 접목

건설회사 S사는 독특한 방식으로 복지기금을 활용했다. 주택 경기 침체로 지방에 미분양 아파트 재고를 떠안고 있었는데, 일부 아파트를 사내근로복지기금에 현물 출연했다. 기금법인이 이 부동산을 인수해 직원들의 사택으로 활용하거나 처분하도록 한 것이다. 그 결과 애물단지 같던 재고자산을 정리하면서 법인세를 절감하는 일석이조 효과를 거뒀다. 직원들은 회사 소유 아파트를 저렴하게 임차하거나 기숙사로 이용할 수 있어 복지 혜택을 얻었고, 회사는 장부상 재고 감소와 함께 세제 혜택을 누리게 되어 재무 구조 개선과 직원 복지를 동시에 달성한 창의적 사례로 평가받고 있다. 이처럼 현물자산 출연도 복지기금 활용의 한 방법이 될 수 있다.

### 가업 승계에의 활용

식품제조업을 하는 W사는 가업 승계를 준비하면서 사내근로복지기금을 전략적으로 도입하였다. 1대 오너인 A대표는 자녀에게 회사를 물려줄 때 막대한 상속세 부담이 예상되자, 본인 보유 지분의 일부를 사내근로복지기금에 증여했다. 이를 통해 A대표 개인이 부담해야 할 상속세를 상당 부분 줄일 수 있었다. 동시에 기금에

편입된 주식의 배당금 등으로 직원 복지 재원을 확보하여, 직원들에게 장학금과 주택자금 대출 등 혜택을 제공하기 시작했다.

이 사례는 복지기금이 단순 복지 수단을 넘어 가업 승계 세무 플랜의 일환으로도 사용될 수 있음을 보여준다. 특히 상장사나 자산가치가 큰 중소기업에서, 지분 일부를 복지기금에 출연하면 상속세를 절감하면서도 직원들에게 회사 이익을 환원하는 두 마리 토끼를 잡을 수 있다.

### 복지기금의 일상 활용

한서회계법인이 소개한 사례에 따르면, 서울의 한 IT기업은 해외 워크숍을 진행하면서 사내근로복지기금을 적극 활용했다. 직원들을 일본으로 연수를 보내며 관련 비용을 기금에서 지원한 것인데, 이때 일부 경비를 상여금으로 지급한 것으로 간주될 수 있는 부분까지 기금 처리를 함으로써 추가 세금이나 4대 보험 부담 없이 행사를 마칠 수 있었다. 일반적으로 직원 해외 워크숍 비용을 회사가 전액 지원하면 과세나 보험료 이슈가 생길 수 있지만, 복지기금을 통한 지원은 그런 문제를 피해갈 수 있음을 보여준 사례라 할 수 있다. 이 기업은 직원 사기진작과 팀워크 향상이라는 행사의 본래 목적을 달성하면서, 비용 처리 면에서도 유리한 결과를 얻었다.

위 사례들을 통해 몇 가지 교훈을 얻을 수 있다.

첫째, 회사 상황에 맞게 창의적으로 설계해야 최대 효과를 볼 수 있다. L사의 사례는 기금이 전통적 복지 혜택을 강화하는 방향으로 쓰였고, S사는 남는 자산을 활용하는 아이디어를 적용했으며, W사는 지분 승계를 겸한 절세에 활용하였다. 이처럼 각사의 업종, 재무 여건, 인력 구성에 따라 기금의 활용전략을 맞춤화할 때 가장 큰 성과를 거둘 수 있다.

둘째, 노사가 함께 노력해야 성공적일 수 있다. 사내근로복지기금은 직원 복지를 위한 것이므로 직원들의 신뢰와 협조가 중요하다. L사 사례에서 보듯 기금 도입 전부터 직원들의 요구를 반영하고, 운영 후에도 만족도를 모니터링하는 노력이 필요하다.

셋째, 전문가의 조력이 성패를 좌우할 수 있다. 세무·노무 전문가의 자문을 받아야 S사나 W사처럼 법적 테두리 내에서 색다른 활용이 가능하다.

마지막으로, 장기적 관점이 무엇보다 중요하다. 사내근로복지기금은 단기 성과보다는 꾸준한 운영을 통해 기업 문화 개선과 재무 안정에 기여하는 자산이다. 성공 사례 기업들은 도입 취지에 맞게 지속적으로 기금을 운영하고 있으며, 그 결과 시간이 지날수록 기업 경쟁력이 높아지는 선순환을 이루고 있다.

## 사내근로복지기금의 전략적 가치

사내근로복지기금은 단순히 세금을 줄이는 수단을 넘어, 직원들에게 안정적인 복지를 제공함으로써 회사의 지속가능한 성장 기반을 다지는 전략적 투자라 할 수 있다. 중소기업 CEO의 입장에서, 인건비 상승과 인력 유출에 대한 고민이 클 텐데, 복지기금은 이에 대한 효과적인 해법이 되어줄 수 있다. 물론 아무 준비 없이 도입할 수는 없다. 기금 설립부터 운영까지 치밀한 계획과 관리가 필요하고, 회사의 복지 철학과 재무 전략이 조화를 이뤄야 한다.

그리고 장기적으로 회사에 가져올 긍정적 변화를 함께 고려하길 바란다. 세금은 한 해 줄일 수 있지만, 좋은 인재와 탄탄한 조직문화는 오랫동안 회사를 번창하게 한다. 사내근로복지기금은 그러한 사람에 대한 투자를 돕는 도구이다.

중소기업 CEO로서 회사의 이익 일부를 내일의 성장과 직원 행복을 위해 적립하는 결단은, 분명히 그 이상의 가치로 돌아올 것이다. 세무적 혜택은 그 과정을 지원해주는 보너스라고 생각하고, 궁극적으로 사람과 미래에 투자한다는 관점에서 이 제도를 활용해보길 권한다. 기업과 직원이 함께 성장하는 발판으로서 사내근로복지기금을 전략적으로 활용한다면, 그것이 곧 지속적인 성공의 밑거름이 될 것이라 확신한다.

# 경정청구로 환급받고
# 고용지원금으로 인건비 절감하기

중소기업을 운영하는 CEO로서 활용할 수 있는 대표적인 절세 및 고용비용 절감 전략으로, 경정청구를 통한 세금 환급과 다양한 고용지원금 제도 활용이 있다.

## 경정청구로 세금 돌려받기

경정청구(更正請求)란 과거에 신고한 세금이 과오납되었을 경우, 즉 납부해야 할 세액보다 많이 냈거나 잘못 낸 세금을 돌려달라고 정정 요청하는 제도를 말한다. 이는 법인세뿐만 아니라 소득세, 부가가치세, 양도소득세 등 모든 국세와 지방세에 대해 활용 가능하며, 국세기본법 제45조의2에 따라 법정 신고기한이 지난 후 5년 이내에 과세 관청에 환급을 청구할 수 있다. 다시 말해, 최근 5년간 이미 납부한 세금 중에서 과다 납부한 부분을 찾아 환급받을 수 있는 납세자의 정당한 권리이다.

### 신청 요건

세금을 납부한 모든 납세자(개인사업자, 법인 등)가 경정청구를 활용할 수 있으며, 반드시 초기 신고/납부 후 5년 이내에 신청해야 한다. 기한을 넘기면 청구 권리가 소멸되므로 유의해야 한다.

### 절차

국세의 경우 관할 세무서에, 지방세는 해당 시·군·구청에 경정청구서를 제출하면 된다. 대부분 국세청 홈택스 시스템을 통해 온라인 신청이 가능하며, 홈택스의 '경정청구 신고' 메뉴에서 최초 신고서 대비 정정 사항을 작성하고 증빙서류를 첨부하여 제출한다. 세무서 접수 후 통상 2개월 내에 심사·처리가 이루어지며, 건수가 많거나 환급액이 큰 경우 3~4개월 이상 걸리기도 한다. 처리 지연 시에는 세무서 담당자에게 진행 상황을 문의할 수 있다.

### 환급 및 가산이자

경정청구가 받아들여지면 과오납 세금이 환급되며, 환급액에는 일정 이자(국세환급가산금)도 포함된다. 이자는 세금 납부일로부터 환급일까지의 기간에 대해 산정되며, 2023년 기준 연 3.5% 수준으로 최근 인상되었다. 즉, 납세자가 세금을 많이 냈다가 돌려받을 때 국가가 이자까지 보태어 환급해준다는 뜻이다. 일부 기업들은 이러한 이자 혜택을 일종의 '절세 저축' 수단으로 활용하기도 한다. 불명확한 사안은 우선 보수적으로 신고·납부하여 추후 경정청구로

환급 및 이자를 함께 받는 전략이다. 다만 이 방법은 추후 세무조
사 리스크를 줄이면서도 이자까지 챙길 수 있는 한편, 회사에 자금
여력이 있어야 가능한 접근이므로 상황에 맞게 판단해야 한다.

### 주요 효과

경정청구의 가장 직접적인 효과는 세금 환급을 통해 현금을 되돌
려받는 것이다. 예를 들어 제조업 A사가 과거 3년간 놓쳤던 설비투
자 세액공제를 뒤늦게 발견해 경정청구를 한 결과 수천만 원 상당
의 법인세를 환급받았다. 제조업 B사는 경정청구를 통해 약 1억 원
의 세금을 환급받기도 했다.

이처럼 환급 규모는 최소 수백만 원에서 수억 원대까지 다양하
며, 경정청구를 통한 국세 환급액이 최근 5년간 총 16조 원을 넘길
정도로 기업들의 활용이 늘고 있다. 한 통계에 따르면 환급 성공
사례의 약 절반이 직원 4명 이하의 소상공인일 정도로 중소 사업자
들이 폭넓게 활용되고 있다.

### 세무조사와의 관계

경정청구에 대해 많은 사업자들이 "환급을 신청하면 세무조사를
받는 것 아닌가" 하는 우려를 갖고 있다. 결론부터 말하면 경정청
구를 했다고 해서 자동으로 세무조사 대상이 되지는 않는다. 세무
조사 대상 선정 사유는 국세기본법 81조의6에 엄격히 규정되어 있
으며, 경정청구를 했다는 이유만으로 조사를 나오는 것은 위법 행

위로 간주된다.

따라서 정당한 환급 사유가 있다면 소문에 흔들리지 말고 안심하고 청구해도 된다. 다만 환급 신청 내용에 대해 세무서가 심사하는 과정에서 추가 자료 제출이나 사실관계 소명이 필요할 수는 있으므로 성실히 대응하면 된다.

## 어떤 경우에 경정청구를 활용하나?

중소 제조업체들이 경정청구를 통해 환급받는 대표적 경우는 각종 세액공제나 비용 처리 누락분을 사후에 신청하는 것이다. 실제로 통계에 따르면, 경정청구로 환급이 발생한 주요 원인은 '놓친 공제 혜택'이 대부분이었다. 제조업의 경우 특히 설비 투자나 인력 고용과 관련된 세제 혜택을 놓쳐서 나중에 환급받는 사례가 많다. 다음과 같은 경우가 해당이 되겠다.

### 누락된 비용 처리

회계 자료 전달 누락 등으로 인건비나 원자재 구매비 같은 필요경비를 제대로 반영하지 않고 세금을 과다 납부한 경우, 그 비용을 인정받도록 정정하여 환급받을 수 있다.

### 세액감면 적용 누락

일정 요건을 갖춘 창업 중소기업은 최초 5년간 법인세를 최대

100% 감면받는 혜택이 있지만, 이를 모르고 신고한 경우 경정청구로 감면을 소급 적용받아 환급 가능하다. 실제로 이러한 창업 세액 감면 누락은 막대한 환급으로 이어질 수 있다.

### 세액공제 적용 누락

제조업체에 해당되는 대표적 사례로, 고용창출 투자세액공제와 중소기업 투자세액공제 누락을 들 수 있다. 2018년 이후 신설된 고용창출 세액공제는 직원 1인당 최대 1,500만 원을 3년간 공제해 주는 파격적 제도인데, 이를 놓쳤다면 경성청구로 환급받을 수 있다.

또한 생산 설비, 기계장치 등에 투자하면 투자 금액의 10%를 세금에서 공제해주는 중소기업 투자세액공제가 있는데, 제조업의 기계장치나 공장의 설비 투자분 공제를 빠뜨렸다면 경정청구로 상당한 환급이 가능하다. 병의원의 의료 장비나 음식점의 주방설비 등 업종 불문 적용 사례가 많지만, 제조업에서 특히 투자 규모가 크기 때문에 환급액도 큰 경향이 있다.

### 기타

연구개발비 세액공제, 특정 감가상각특례, 외국납부세액공제 등 기업 특성에 따라 누락될 수 있는 공제가 다양하다. 중요한 것은 "세금을 더 냈는지, 얼마나 더 냈는지 직접 알기 어렵다"고 느끼는 사업자가 많다는 점이다. 이러한 경우 세무 전문가의 도움을 받아 과거 신고 내역을 점검하면 숨은 환급 포인트를 찾을 수 있다.

실제로 경정청구 신청 건 중 약 75~78%는 세무서에서 받아들여져 환급 결정이 내려진다. 이처럼 높은 인용률(약 4건 중 3건 성공)은 사업자들에게 동기를 부여하고 있다. 환급 성공 경험은 기업 재무에 직접적인 이익일 뿐 아니라, 앞으로 세무 관리에 대한 경각심을 높여 절세 전략을 더 적극적으로 모색하는 계기가 될 수 있다.

## 주요 고용지원금 제도

정부의 고용지원금 제도는 기업이 인건비 부담을 줄이고 고용을 창출하도록 돕는 다양한 프로그램들로 구성되어 있다. 특히 중소기업을 대상으로 한 장려금들은 필요 인력을 확보하면서도 인건비의 상당 부분을 정부 지원으로 보전받을 기회를 제공한다.

해당 지원금들은 모두 고용노동부가 운영하며, 대부분 우선 지원 대상기업(중소기업) 또는 일정 규모 미만 중견기업을 대상으로 한다. 지원 신청은 고용보험 온라인 시스템(일명 고용24 플랫폼)에서 가능하며, 사전에 참여신청 및 승인 절차가 필요한 제도가 많다.

주요 고용지원금 종류는 다음과 같다.


- 정규직 전환 지원금
- 청년 일자리 도약 장려금

- 신중년 적합 직무 고용장려금
- 고령자 고용장려금(계속고용 지원)
- 취업 취약계층 고용촉진 장려금

상기 지원금들은 각기 지원 목적과 대상 인력 풀이 다르지만, 기업의 상황에 맞게 잘 활용하면 인력 확보 + 인건비 지원 + 부가 혜택의 세 마리 토끼를 잡을 수 있다.

정규직 전환 지원금은 기업이 그간 계약직·파견 등으로 운용하던 인력을 정규직화할 경우 정부가 상승한 인건비의 상당 부분(월 30만~50만 원)을 1년간 지원하여, 결과적으로 숙련 인력의 장기적 확보와 직원의 고용안정을 동시에 도모할 수 있다.

청년일자리 도약장려금은 미취업 청년을 채용하면 기업에 인건비를 보전해주고 청년에게도 장기근속 보너스를 주어 기업과 청년 모두 윈윈(win-win)하는 구조이다. 실제로 제조업 등 인력난 업종의 중소기업이 이 장려금을 활용하면 청년 1인당 최대 720만 원의 지원을 받고, 청년도 최대 480만 원의 인센티브를 받아 안정적인 일자리라는 인식을 갖게 되는 긍정 효과가 나타났다.

신중년 장려금은 경력 많은 50대 이상 인력을 뽑을 때 인건비 부담을 줄여주어 베테랑 인력의 노하우 활용에 유리하다.

고령자 장려금은 정년퇴직자를 재고용하거나 계속 고용할 때 소요되는 비용을 보전해줘 인력 공백 없이 기술 전수를 이어가는 데 도움이 된다.

취업 취약계층 고용촉진 장려금은 장애인, 한부모 여성가장 등 취업 취약계층을 채용할 경우 최대 2년간 지원되므로, 법정 의무고용 이행과 ESG 경영 측면에서도 의의가 크다.

요약하면, 우리 회사의 채용·인력 운용 상황에 맞춰 각 지원금을 전략적으로 활용하면 인건비 절감과 조직 안정성이라는 두 가지 목표를 달성할 수 있다.

## 제도 활용 제조업 현장의 절세·지원금 성공 사례

앞서 살펴본 경정청구와 고용지원금 제도는 이미 많은 기업들이 활용하여 재무적 이익과 경영 성과를 높인 사례들이 늘어나고 있다. 중소 제조업 분야에서 실제로 있었던 또는 적용 가능한 사례들을 통해 각 제도의 실질적인 효과와 유용성을 점검해보겠다.

### 경정청구 세금 환급

경기도에서 정밀부품을 생산하는 B기업은 2019~2021년 동안 세무 신고 시 연구인력개발비 세액공제와 설비 투자세액공제를 누락한 채 법인세를 납부해왔다. 2022년 말 경정청구를 진행한 결과, 과거 3개 년도에 대해 총 7,000만 원 상당의 법인세 환급을 받았다. 환급에는 이자까지 포함되어 회사는 추가 자금 이득을 보았고, 이를 통해 최신 생산설비를 일부 교체하는 데 재투자할 수 있었다. 이 과정에서 경정청구가 세무조사로 이어지지 않을까 우려도 있었지만, 정당한 증빙에 근거한 환급 청구는 조사 대상이 되지 않는다는 점을 확인하고 안심할 수 있었다.

한편, 다른 사례로 서울의 한 제조 중소기업은 초창기(창업 1~2년 차)에 감면받지 못했던 세액들을 뒤늦게 찾아 경정청구함으로써 약 1억 원의 환급을 받았는데, 이 회사 대표는 "숨은 돈을 찾은 느낌이며, 앞으로 세무신고 때 빠뜨린 혜택이 없는지 꼼꼼히 살필 것"이라고 밝혔다. 이처럼 경정청구는 중소 제조업체에도 실질적인 현금 유입을 가져다주는 중요한 권리이다.

## 고용지원금 지원

인천에 위치한 자동차 부품 제조업체 C사는 계약직 생산직 근로자들을 정규직으로 전환하면서 정규직 전환 지원금을 신청했다. 총 10명의 계약직을 정규직화하면서 이들의 임금을 인상(월평균 15만 원 인상)해주었는데, 정부로부터 1인당 월 30만 원씩, 1년간 총 3,600만 원의 지원금을 수령했다. 이를 통해 추가 인건비 부담의 상당 부분을 상쇄할 수 있었고, 정규직 전환으로 직원들의 사기와 숙련 인력 유지율도 크게 향상되었다. 또한 이 회사 인사 담당자는 "비정규직을 줄이고 조직 안정성을 높인 덕분에 생산성 향상과 품질 관리에도 긍정적인 효과가 나타났다"라고 전했다.

기계부품 제조기업 D사는 만 60세 정년을 맞은 숙련공들을 계속 고용하면서 고령자 고용장려금을 활용했다. 과거 평균 5명이던 60세 이상 직원이 정년 후 재고용을 통해 8명으로 늘자, 정부로부터 증가한 3명에 대해 분기마다 1인당 90만 원(월 30만 원×3)씩 지원금을 받았다. 2년간 누적 지원금은 2,160만 원에 달했는데, 이는 해당 숙련공들의 임금 상승분을 보전하고도 남는 금액이라 회사의 고용연장 결정에 힘을 실어주었다. D사 대표는 "지원금 덕분에 베테랑 기술자들을 계속 모시면서 젊은 사원들에게 기술을 전수할 수 있었고, 이는 회사 경쟁력 유지에 큰 도움이 됐다"라고 밝혔다.

## 청년 고용

최근 제조업 구인난을 겪던 충청도의 E중소기업(직원 50명 규모)은 청년 일자리도약 장려금을 적극 활용해 5명의 청년 직원을 신규 채용했다. 이 회사는 채용 전 지방 고용센터를 통해 사업 참여 신청을 했고, 자격 요건에 맞는 취업 애로 청년(장기 실업 상태의 청년)들을 정규직으로 채용했다. 그 결과, 1인당 월 60만 원씩 1년간 총 3,600만 원의 지원금을 지급받았고, 청년 직원들 또한 2년 근속 후 각각 480만 원의 인센티브를 수령해 높은 만족도를 보였다. 한 신입 직원은 이 장려금 제도를 통해 "제조업이 안정적인 일자리라는 인식이 생겼고, 장기 근속의 동기부여가 되었다"라고 말하기도 했다.

기업 입장에서도 정부 지원으로 채용 비용 부담을 크게 덜었고, 청년 인재들이 조기에 적응하여 생산 현장에 활력을 불어넣는 부수 효과를 얻게 되었다. 제조업 특성상 숙련 인력이 되기까지 시간이 걸리는데, 최소 1~2년간 근속을 유도하는 인센티브 구조 덕분에 잦은 이직 없이 인력을 붙잡아둘 수 있었다는 평가였다.

### 경력 인력 채용

경남의 공작기계 제조사 F사는 전문 기술인력 부족 문제를 해결하기 위해 50대 초반의 경력직 2명을 채용하면서 신중년 적합직무 고용장려금을 활용했다. 미리 고용센터에 해당 직무(설계 관리자)가 신중년 적합직무로 승인되는지 확인한 뒤 채용을 진행하여, 2명에 대해 각각 월 80만 원씩 1년간 960만 원씩 총 1,920만 원의 지원금을 수령했다.

F사 인사팀장은 "숙련된 시니어 인력을 고용하면서 초기 인건비 부담을 정부가 상당 부분 분담해줘서 채용을 결심할 수 있었다"라며, "이분들의 오랜 경험이 젊은 직원들에게 멘토링으로 이어져 작업 효율과 안전관리 수준이 올라갔다"라고 밝혔다. 고령화 시대에 중소기업이 겪는 인력난을 완화하면서도, 세대간 지식 전수를 촉진한 모범적인 활용 사례로 평가받고 있다.

## 신청 시 유의사항과 전략

재무 관리 측면에서 경정청구와 고용지원금은 회사에 이익을 가져다주는 수단이지만, 제대로 활용하려면 몇 가지 실무적 주의사항을 숙지해야 한다. 전문가들이 현장에서 강조하는 신청 절차상의 유의점, 자주 발생하는 실수, 전략적 활용법은 다음과 같다.

### 경정청구 관련 조언

경정청구는 증빙 자료 준비와 세법 해석이 관건이다. 환급을 받기 위해선 추가로 적용받고자 하는 비용 또는 공제의 합법성과 적정성을 입증해야 하므로, 당초 신고 자료와 수정 신고 내용을 비교하여 설명하는 청구서, 그리고 관련 증빙서류(예 : 누락된 비용의 증빙, 추가 공제의 근거 자료 등)를 빠짐없이 제출해야 한다.

경정청구는 챙길 서류가 많고 복잡하므로 혼자 감당하기 어렵다면 세무전문가의 도움을 받는 것이 좋다. 특히 환급 규모가 큰 경우 세무서 심사 과정에서 담당 직원의 질의나 소명 요청이 있을 수 있는데, 이때를 대비해 세법 지식이 풍부한 세무 대리인이 함께하면 대응이 수월하다.

최근 AI 플랫폼 등을 통해 경정청구 대행을 홍보하는 곳이 많지만, 환급 성공 시 수수료 구조를 잘 따져봐야 한다. 여러 업체 견적을 비교하여 순환급액(환급액 - 수수료)이 최대가 되는 전문가를 선택하는 것이 합리적이다.

그리고 경정청구로 환급받은 세액이 사후 관리 요건이 없는지 반드시 점검해야 한다. 예컨대 고용 인원 증가에 따른 세액공제를 환급받았다면 향후 일정 기간 고용을 유지해야 하는데, 이를 지키지 못하면 추징당할 수 있다. 모 회계사는 "환급 후 사후 관리까지 신경 써주는 전문가인지 확인하라"며, 환급만 해주고 끝나는 곳보다 환급 후 발생할 수 있는 문제(추징 위험 등)까지 점검해주는 세무 대리인을 선택하라고 조언한다.

마지막으로, 잘못된 환급 신청은 위험하므로 주의해야 한다. 세무 전문가가 아닌 브로커나 컨설팅 회사가 무리하게 경정청구를 대행하다가 납세자가 곤란을 겪는 사례도 있다. 실제로 한 사업주는 기존 세무사가 불가하다고 설명한 건을 외부 컨설팅업체가 환급해주겠다고 나서서 수수료를 챙긴 뒤, 환급이 되지 못해 추후 문제가 될 뻔한 사례가 있었다. 따라서 경정청구는 반드시 세무사 등 공인된 전문가와 상의해 진행하고, 과도한 환급을 장담하는 제안에는 유의해야 한다.

### 고용지원금 관련 조언

고용지원금 제도는 "알아야 챙긴다"는 말이 있듯 각 프로그램별 요건과 절차를 숙지하는 것이 첫걸음이다. 특히 사전 계획 수립과 일정 관리가 중요하다. 예를 들어 청년일자리 도약장려금의 경우 채용 예정 3개월 전까지 예비 참여 신청을 해야 하는데, 이 시기를 놓치면 나중에 청년을 뽑아도 지원금을 받을 수 없다. 그러므로 채용 계획 단계에서부터 지원금 대상 인원을 염두에 두고, 고용센터를 통해 미리 승인 절차를 밟아야 한다.

마찬가지로 신중년 적합직무 장려금도 채용 전에 직무 승인과 참여 신청이 필요하므로, 인력 계획과 정부지원 신청 일정을 체계적으로 관리해야 한다. 이를 위해 인사 담당자들은 연초에 정부 지원 사업 일정을 확인하고 우리 회사에 적용 가능한 제도를 선별하여 캘린더에 마일스톤(milestone)을 잡아두는 것이 좋겠다.

신청 서류 작성 시에는 사소한 요건 누락으로 인한 반려 사례를 주의해야 한다. 예컨대 지원금 대상 근로자의 4대보험 가입, 최저임금 이상 지급 여부, 주당 소정 근로시간 조건 등을 충족해야만 지급되는데, 요건을 제대로 못 갖추어 탈락하는 일이 있다.

따라서 지원 대상 직원의 근로계약서와 임금대장을 점검해 법정 기준을 모두 만족시키도록 해야 한다. 또한 지원금은 지급 후 일정 기간 고용 유지 의무가 따른다. 만약 지원금을 받고 얼마 지나지 않아 해당 직원이 퇴사하거나 고용 인원이 감소하면, 이미 받은 지원금을 반환하거나 추가 지원이 중단될 수 있으므로 안정적인 고용 유지 대책이 필요하다. 이를 위해 멘토링, 직무 교육 등을 병행하여 지원 대상 직원들의 조직 적응과 장기근속을 유도하는 것이 좋다.

여러 지원금의 병행 활용도 전략적으로 고려해볼 만하다. 한 기업이 동시에 정규직 전환 지원금과 청년 장려금을 각각 다른 대상에게 활용하거나, 고용촉진 장려금과 고령자 장려금을 함께 받을 수 있다. 다만 동일한 근로자에 대해 중복으로 두 가지 지원금은 받지 못한다. 예를 들어 청년을 정규직으로 채용하면서 청년일자리 도약장려금 혜택을 받았다면, 그 청년에 대해 정규직 전환 지원금은 중복 신청할 수 없다. 정부는 지원금 간 중복수급을 제한하고 있으므로, 전문가와 상의하여 가장 유리한 조합으로 신청하는 것이 바람직하다.

평판 및 안전 이슈도 유념해야 한다. 정부는 2023년부터 중대산업재해로 명단이 공표된 사업장(산업재해처벌법에 따라 심각한 중대재해 발생 기업)은 대부분의 지원금 대상에서 제외하고 있다. 이는 안전관리가 부실한 기업에 국민 세금을 지원하지 않겠다는 취지이므로, 산재 예방과 안전관리 역시 고용지원금을 받기 위한 기본 전제가 되고 있다. 또한 각종 지원 사업의 예산은 한정되어 있어 예산 소진 시 조기 마감될 수 있으므로, 관심 있는 제도는 모집 공고 초기에 서둘러 신청하는 것이 좋다.

## 최신 개정 사항 및 향후 동향

참고로 경정청구와 고용지원금 제도를 둘러싼 최근의 변화와 개정 내용을 짚어보겠다. 세법과 지원 정책은 수시로 변경되므로 최신 정보를 따라가는 것이 중요하다.

### 경정청구 관련

국세기본법 개정으로 과거에는 경정청구 기한이 3년이었으나, 현재는 5년으로 연장되어 보다 폭넓은 환급 기회를 제공한다. 또한 국세환급가산금(환급 이자) 금리가 인상되어 2023년 현재 연 3.5% 수준으로 올라갔다. 이는 시중 금리 인상분을 반영한 것으로, 납세자가 경정청구로 돌려받는 금액이 이전보다 늘어났다는 의미이다.

한편 세법 해석 변경이나 판례에 따라 이미 경정청구로 환급을 받았던 사항도 추가 환급 여지가 생기는 경우가 있다.

세무 전문가들은 "세법이 바뀌고 기존 해석도 바뀌어 환급액이 다시 산출되는 경우가 많다"면서, 과거에 환급을 받아 더 돌려받을 게 없다고 생각하더라도 법령 변화에 따라 새로 생긴 환급 포인트가 없는지 점검해보라고 권고한다. 향후 국세청은 경정청구 심사를 더 효율화하기 위해 AI 분석을 도입하는 등 절차 개선을 추진하고 있으며, 납세자의 편의를 위해 모바일 홈택스를 통한 환급 신청 등도 검토되고 있다. 기업들은 이러한 추세에 맞춰 디지털 세무 서비스를 적극 활용하고, 새로운 환급 가능 항목(예 : 탄소 중립 관련 세액 공제 신설 등)이 생기면 놓치지 않아야겠다.


## 고용지원금 관련

2024~2025년을 거치며 정부 지원금 제도에도 몇 가지 변화가 있었다. 청년일자리 도약장려금은 기존에 청년 추가고용장려금 등으로 나뉘어 있던 청년 고용 지원책들을 통합·개편한 것으로, 제조업·건설업 등 인력난 업종을 별도 유형(Ⅱ유형)으로 우대하는 등 산업 수요를 반영한 설계가 되었다. 이로써 제조업체는 취업 애로 청년이 아니더라도 일정 조건하에 청년 채용 지원을 받을 수 있게 되었고, 지원 한도도 1인당 총 1,200만 원으로 크게 확대되었다.

신중년 적합직무 고용장려금의 경우 정부 재정 운용상의 변화로 2024년에 한때 신규 신청이 중단되기도 했으나, 2025년 현재 유사

한 취지의 지원이 취업 취약 계층 고용촉진장려금 등에 흡수되어 이어지고 있다. 고령자 및 중장년 채용 장려 정책은 크게 두 갈래, 즉 계속고용장려(고령자 고용장려금)와 신규채용장려(취업 취약 계층 고용촉진)로 운영되고 있으며, 각각 지원 규모가 유지되고 있다.

또한 일자리 함께하기, 국내 복귀 기업 지원금 등 일부 제도는 성과 평가에 따라 2024년에 폐지되거나 통합되었다. 기업 입장에서는 이러한 변화에 맞춰 지원 가능 여부를 매년 재점검할 필요가 있다.

아울러 디지털 전환과 근무환경 변화에 대응한 새로운 지원 프로그램도 눈여겨봐야 한다. 예를 들어 2025년부터 고용부는 30인 이하 중소기업에 ATS(Applicant Tracking System) 등 채용 관리 솔루션 도입비를 지원하고(초기 비용 80% 지원), 유연근무제 간접 노무비 지원을 강화하는 등 새로운 형태의 HR 지원 사업들을 시행하고 있다. 이러한 지원책은 직접적 인건비 보조와는 다르지만, 중소 제조업체의 인사관리 효율화와 워라밸 개선을 돕는 방향이므로 폭넓게 활용하면 좋다.

요약하면, 세제와 지원금 제도의 최신 동향을 놓치지 않는 것이 중요하다. 정부 발표나 중소기업 관련 정보를 수시로 체크하고, 필요한 경우 세무·노무 전문가에게 업데이트받는 체계를 갖추면 도움이 된다. 변화에 발 빠르게 대응할 때, 우리 기업에 주어진 혜택을 온전히 누리고, 비용 절감과 인재 확보에서 경쟁우위를 가질 수 있을 것이다.

중소기업 CEO로서 늘 원가 절감과 인재 확보에 고민이 많겠지만, 정부의 이러한 제도를 잘 활용하면 세금을 합법적으로 돌려받고, 인건비 부담을 크게 줄이는 효과를 거둘 수 있다. 물론 기본 전제는 우리 회사가 해당 요건을 충족하고 성실히 운영되는 것이다. "세상에 공짜는 없다"라는 말처럼, 지원금을 받는 대신 일정 기간 고용을 유지하고 각종 준수 사항을 지키는 책임이 뒤따른다. 하지만 이는 결국 회사의 경쟁력 강화와 지속성장으로 이어지는 투자이기도 하다는 것을 명심하자.

20년차 경영 컨설턴트가 알려주는
경영·절세·자금 솔루션

# 회사를 살리는
# 사장의 공부

**초판 1쇄 발행**  2026년 1월 26일

**글**  송현채
**펴낸이**  최향금
**펴낸곳**  에이블북

**주소**  서울시 노원구 동일로198길 74, 3층 301-A호
**전화**  02-6061-0124
**팩스**  02-6003-0025
**메일**  ablebook@naver.com

**ISBN**  979-11-990977-4-2 (13320)